I0038857

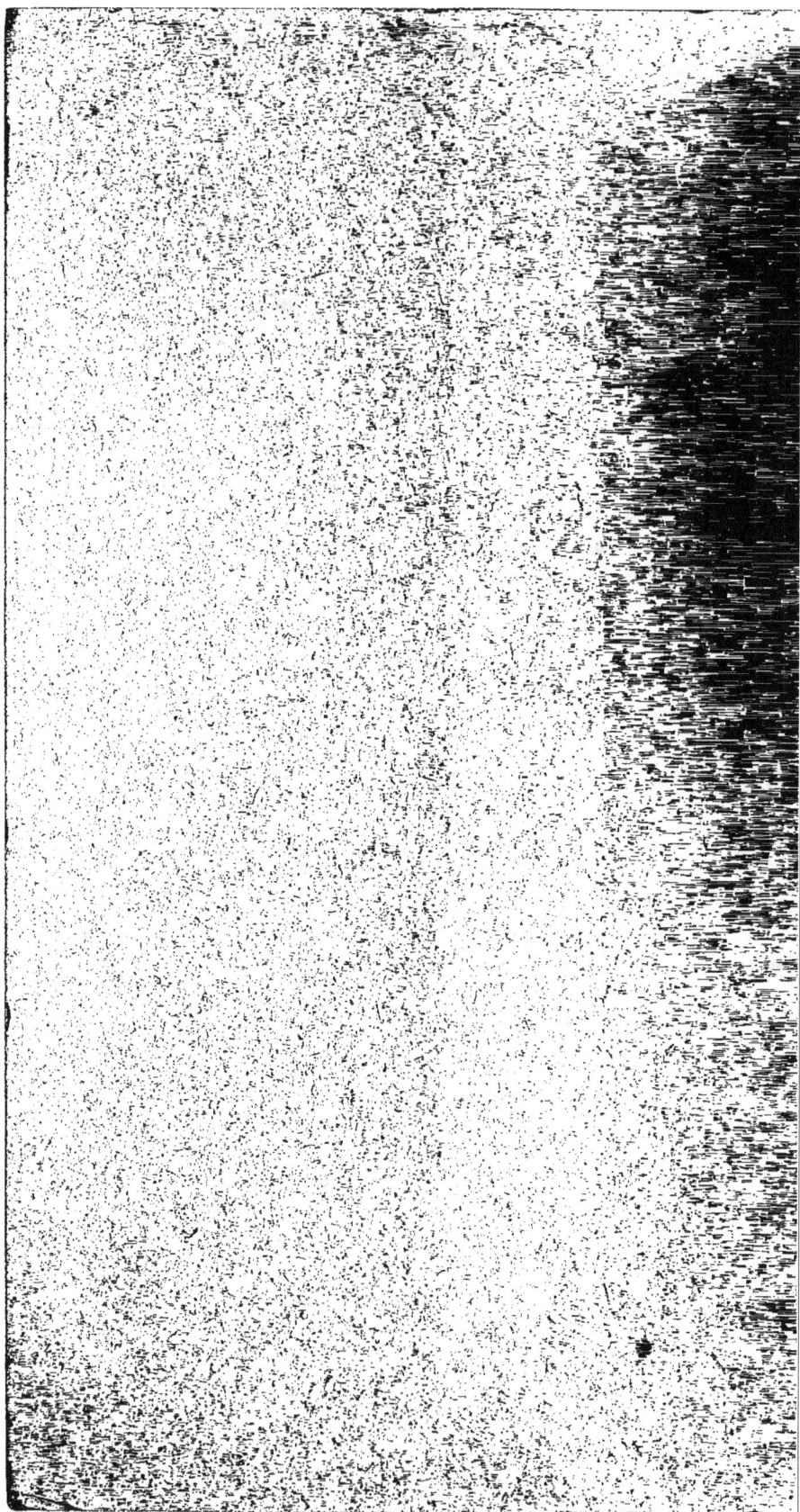

La Guerre

de 1870

et la Commune

Notes d'un Jeune Aide=Major

BOURG

IMPRIMERIE DU « COURRIER DE L'AIN »

1916

LA GUERRE DE 1870

ET LA COMMUNE

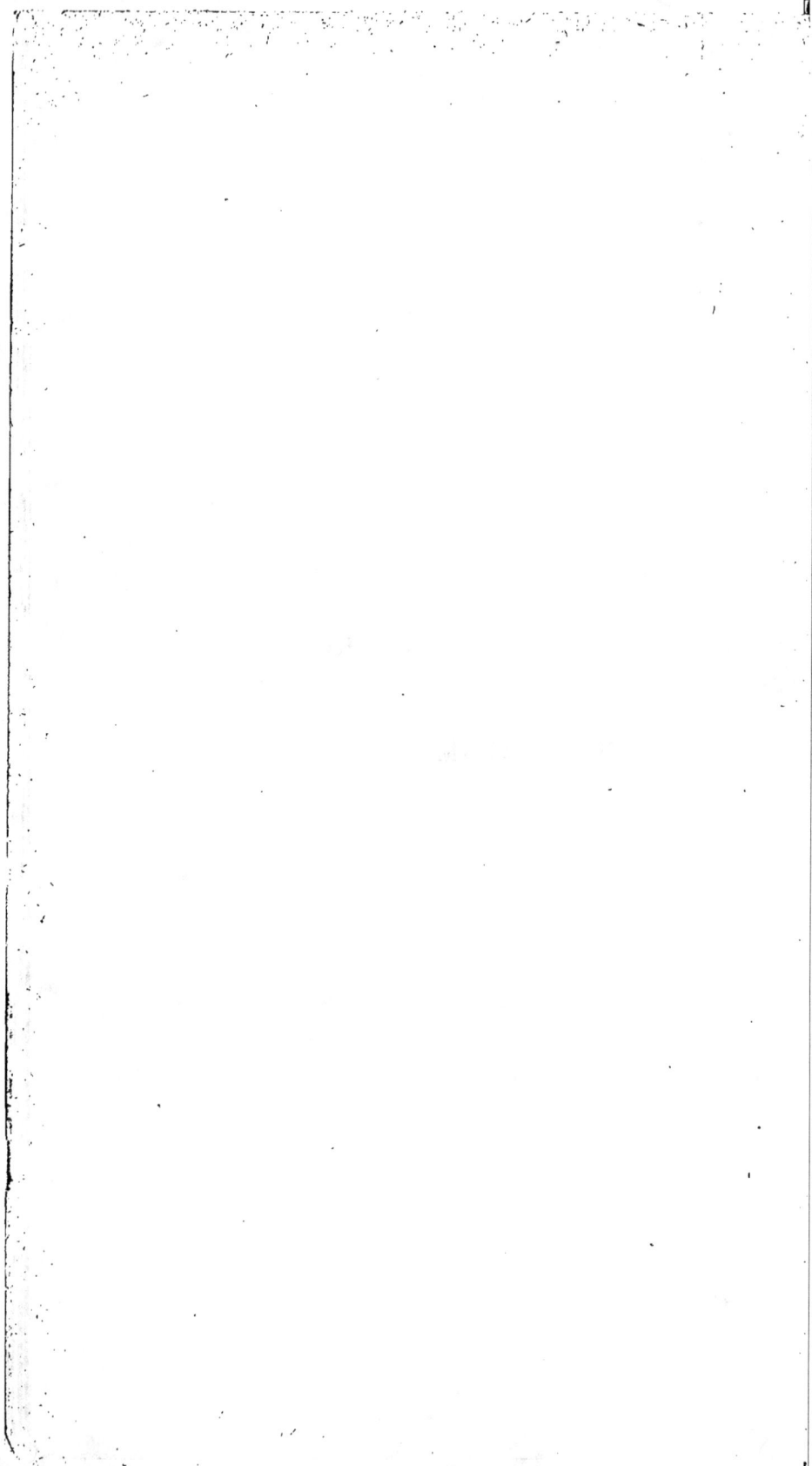

La Guerre
de 1870
et la Commune

Notes d'un Jeune Aide=Major

par L. Balland, pharmacien principal en retraite, correspondant de l'Institut,

BOURG

IMPRIMERIE DU « COURRIER DE L'AIN »

—

1916

(Extrait des *Annales* de la Société d'Emulation
et d'Agriculture de l'Ain)

LA GUERRE DE 1870

et

LA COMMUNE

Notes d'un Jeune Aide-Major

INTRODUCTION

Depuis quarante-cinq ans que ces notes ont été prises, j'en ai relu bien souvent des fragments et, chaque fois, ces lectures étaient suivies de méditations qui m'éloignaient de plus en plus de l'Allemagne dont, en notre enfance, on avait trop exalté les vertus.

Pendant que se relevait lentement notre pays démembré par la faute de l'Angleterre et de la Russie, faute si cruellement expiée depuis, le nouvel Empire, grisé par des succès inespérés et dominé par l'orgueil incommensurable de son dernier empereur, allait à la conquête du monde par des procédés rappelant le mot célèbre : « Il n'y a de pires tyrans que les parvenus. »

Pour tous, pour nous surtout, des provoca-

tions, des vexations, des menaces continuelles. L'infortuné Krüger lâchement abandonné, après avoir été encouragé dans sa lutte contre l'Angleterre ; la race jaune maudite par le Michel allemand ; la Russie sournoisement engagée contre le Japon. La mainmise sur notre industrie, notre commerce, nos colonies ; le ravalement de toutes nos gloires. Puis la guerre voulue, déclarée après une préparation qui en rendait le succès certain. Enfin, l'invasion par la Belgique ; le pillage, l'assassinat, l'incendie ; toutes les horreurs, toutes atrocités signalées dans les rapports officiels de la Commission instituée par le Gouvernement français en vue de relever les actes commis par nos ennemis en violation du droit des gens.

L'Allemand de 1870, allant de succès en succès, a pu paraître moins inhumain, mais le fond était le même qu'aujourd'hui. On en trouvera des preuves dans les pages intimes que je me décide à publier sous les auspices la Société d'Emulation de l'Ain, à laquelle j'appartiens depuis 40 ans. J'y ai ajouté quelques indications biographiques à la demande de notre cher Président.

Décembre 1915.

J'étais au grand hôpital militaire de Lyon, depuis ma sortie du Val-de-Grâce, lorsque fut déclarée la guerre à l'Allemagne, le 18 juillet 1870. Il y avait alors dans ce vaste établissement, disposant d'un millier de lits :

5 *Médecins principaux* : Dussourt, médecin en chef ; Lacronique, récemment revenu du Corps expéditionnaire de Rome ; Barudel ; Marchessaux et De Combarieu, ce dernier popularisé par le tableau d'Yvon, *La Courtine de Malakoff,* où il est représenté pansant le général Bosquet.

6 *Majors* : Busschaërt ; Béchade ; Cabasse, ancien prisonnier d'Abd-el-Kader ; Morand (le beau Morand) ; Fleury et Godin.

7 *Aides-Majors* : Ferra ; Ducelliez ; Nogier ; Bédoin ; Odin ; Desmonceaux et Dornier, de Lons-le-Saulnier.

1 *Pharmacien principal* : Latour, pharmacien en chef.

2 *Pharmaciens Aides-Majors et 1 pharmacien civil requis.*

———— ✳ ————

JUILLET 1870

22 *Vendredi*. — A 11 heures, au moment de quitter le service du matin, le pharmacien en chef vient à moi, m'adresse quelques paroles bien senties et me remet une lettre du ministre de la guerre, datée du 21, m'attachant en qualité de pharmacien aide-major de 2ᵉ classe à l'ambulance du quartier général du 2ᵉ corps, avec ordre de partir pour Saint-Avold, sans profiter des délais de tolérance.

J'apprends à déjeuner que mon collègue Signoud, de l'hôpital des Colinettes, ainsi que plusieurs médecins, ont également reçu l'ordre de quitter Lyon.

L'après-midi est consacré à des préparatifs de départ et à divers achats.

Un groupe de soldats d'infanterie paraissant fatigués traverse, sans entrain, la place Bellecour pour se rendre à Perrache. Il me laisse une impression de tristesse, de « chair à canon ».

Aménagement de cantines. Que de choses peuvent entrer dans une cantine bien ordonnée : Effets militaires, linge de toilette, livres, cartes, guides spéciaux pour l'Allemagne...

23 *Samedi*. — Achat d'une petite sacoche en cuir, à bandoulière, destinée à recevoir, avec mes papiers de service, des objets courants pour la correspondance, la table, la toilette...

Envoi à ma famille de mes vêtements civils, de livres et de bibelots ornant ma chambre de garçon.

A la gare de Perrache, à 8 heures, avec mon camarade Signoud, nous prenons un train venant de Marseille, bondé de zouaves et de tirailleurs : « Notre ménagerie d'Afrique », nous dit un de leurs officiers attendant le départ sur le quai de la gare.

En wagon avec Signoud, un capitaine de gendarmerie affecté comme lui au 3e corps d'armée et M. Dexpers, médecin-major de 1re classe venant de Perpignan.

24 *Dimanche.* — Arrêt à Gray, après un long retard occasionné par la difficulté de rassembler les soldats qui descendaient aux principales stations.

Au buffet de la gare. Quelques lignes à ma famille (1) au sujet des bagages expédiés la veille, l'enregistrement n'ayant pu se faire régulièrement en raison du désarroi qui règne partout. Nous parcourons la ville avec M. Dexpers et Signoud : visite de l'église où se trouvent quelques fidèles. Ablutions en Saône, en dehors de la ville. Déjeûner au buffet avec plusieurs officiers dont un commandant et un lieutenant d'état-major du 2e corps.

Arrivée d'un train rempli de troupes d'infanterie très surexcitées par les boissons offertes dans toutes les gares.

En route pour les Vosges : partout des barriques de vin sont à la disposition des soldats.

A Epinal, vers 9 heures, arrêt de quelques minutes. Grande manifestation populaire. Il me revient à la pensée que deux frères de mes ancêtres paternels partirent de là, vers 1700, pour faire du « merrain » en Bresse, où ils se fixèrent un peu plus tard.

A minuit on traverse la gare de Nancy.

25. *Lundi.* — Au matin, on aperçoit de la cavalerie

---

(1) J'ai utilisé dans les notes qui suivent les lettres adressées à ma famille pendant la guerre et conservées jusqu'à ce jour.

campée en avant de Metz. Signoud et le capitaine de gendarmerie nous quittent à la gare où nous devons prendre, avec M. Dexpers, le premier train à destination de Saint-Avold.

Au moment de partir arrivent des troupes de Paris, avec plusieurs officiers du service de santé, dont M. le pharmacien major Lefranc.

Triste aspect de la campagne ; des hommes âgés, de jeunes femmes rassemblent à la hâte des gerbes de blé. Le pays est plus accidenté que je ne le supposais : plaine onduleuse remplie de petites collines comme notre Bresse : des troupes campent en avant de Saint-Avold.

De la gare, nous nous rendons à pied au village sur une grande place au centre de laquelle est une fontaine-abreuvoir.

Rencontre du général Frossard, en voiture découverte. Déjeuner, avec des officiers et les médecins aides-majors Billet et Czernicki, deux camarades de Strasbourg (1).

Je quitte, non sans émotion, M. Dexpers (2).

Le médecin en chef du 2ᵉ corps est M. Marmy un compatriote (3) qui me délivra autrefois à Lyon le certi-

_____

(1) Ils ont atteint plus tard le grade de médecin-inspecteur.

(2) M. Dexpers, que je n'ai jamais revu, a été nommé, pendant la guerre, médecin principal et officier de la Légion d'honneur. Il était né, en 1819, à Samsons (Basses-Pyrénées).

(3) MARMY (Michel-Jules), né à Coligny, 7 décembre 1815 ; décédé médecin-inspecteur, membre du Conseil de santé des armées, commandeur de la Légion d'honneur.

Antérieurement à Marmy, le département de l'Ain a donné au service de santé militaire trois de ses illustrations : Coste, Sérullas et Moizin.

COSTE (Jean-François), né à Villes-en-Michaille le 14 juin 1741, médecin en chef de l'armée envoyée en Amérique en 1780 ; maire de

ficat de visite exigé pour l'entrée à l'Ecole du service de
santé militaire. Le pharmacien en chef est M. Robillard.
Il me reçoit amicalement et me dit qu'il était du jury
d'examen à ma sortie du Val-de-Grâce et que je ne suis
pas un inconnu pour lui.

Il me remet un ordre de service pour l'ambulance de
la division de cavalerie campée à Merlebach, sur la frontière. Sans invoquer la lettre du ministre qui m'affecte
au quartier général, où je suis remplacé par M. Guériteau,
je me rends immédiatement à mon nouveau poste en
compagnie de M. Carrère, officier d'administration au
service de l'intendance de la division de cavalerie.

Dans la direction d'Hombourg-le-Haut, on aperçoit
des troupes d'infanterie campés à proximité de la voie
ferrée, puis, dans le petit vallon entre Bening et Merlebach des chasseurs à cheval et des dragons.

Aucune organisation à Merlebach ; pas de matériel
d'ambulance ; ni caissons de chirurgie et de médica-

Versailles (1790-92 ; médecin-inspecteur ; membre du Conseil de
santé ; décédé le 8 novembre 1819.

Sérullas (Georges-Simon), né à Poncin, 2 novembre 1774 ; pharmacien principal : professeur au Val-de-Grâce et au Museum ; membre de l'Institut : mort du choléra, 25 mai 1832.

Moizin (Claude-Joseph), né à Bâgé-le-Châtel, 21 octobre 1782 ;
médecin inspecteur, membre du Conseil de santé ; commandeur de la
Légion d'honneur ; décédé à Metz le 2 septembre 1849.

Il convient aussi de citer, après ces grands noms, Fiard et Lebeaud :
Fiard (Thomas-Marie-Louis), né à Montluel, en 1797. Ses travaux
sur la vaccine ont été couronnés par l'Académie des Sciences et par
l'Académie de Médecine. Il est mort à Paris en 1853.

Lebeaud (Nicolas), né à Nantua, en 1793, mort du choléra à Paris,
en 1832. Ce pharmacien militaire a publié dans l'*Encyclopédie Roret*,
des manuels qui ont eu plusieurs éditions *(Manuels du distillateur,
de l'herboriste, du vétérinaire).*

ments, ni voitures, ni cacolets, ni médecins, ni inten-
dants, ni infirmiers. Sur la place, près de l'église, cor-
diale rencontre du curé et d'une bonne sœur. Nous
entrons chez le boulanger-aubergiste Gœttmann au
moment où le général Valabrègue en sort.

L'instituteur Hory m'offre une petite chambre que
j'accepte avec plaisir. Dîner chez Gœttmann.

26 *Mardi*. — J'imagine un petit lit de campagne avec
un long sac, en forte toile, traversé par deux solides
perches pouvant être fixées sur des piquets.

Arrivée des médecins de l'ambulance : MM. Beurdy,
médecin-major de 1re classe, Sommeiller, Richon et
Millet, aides-majors. M. Beurdy, venant de Rambouillet,
est de la Côte-d'Or ; les trois autres sont lorrains (1).

Confortable déjeûner de campagne gracieusement servi
par les demoiselles Gœttmann. Nous décidons de vivre
tous les cinq en popote.

Trois prisonniers bavarois, dont deux officiers, venant
de Sarreguemines et dirigés sur Metz passent en gare
où on leur offre du vin blanc.

Des officiers du 24e de ligne m'apprennent que le
capitaine Bouillet (2), mon compatriote, a quitté récemment le régiment pour commander un bataillon de la
garde nationale mobile.

L'officier d'administration Faury se présente dans la
soirée. Il vient de Saint-Avold avec des soldats du train,

---

(1) Retraités médecins-principaux, officiers de la Légion d'honneur.

(2) Décédé à St-Julien, en 1875, âgé de 50 ans, le capitaine Bouillet, chevalier de la Légion d'honneur, sortait du rang. Il avait été
blessé au siège de Zaatcha en 1849 et porta, l'un des premiers la médaille militaire créée en 1852.

des infirmiers, des caissons d'ambulance, des voitures Masson pour le transport des blessés et des voitures de réquisition portant du matériel de campement.

Un jeune chasseur a été blessé au bras, au cours d'une reconnaissance.

Sur plusieurs points de la frontière les poteaux internationaux ont été enlevés par les habitants, plus français que prussiens.

27 *Mercredi*. — Fausse alerte pendant la nuit. On parle de grands rassemblements ennemis au nord de Sarrebruck. Des uhlans débouchant de la forêt de Forbach attaquent à l'improviste le 24ᵉ de ligne. Ils sont reçus à coups de feu et disparaissent, vivement poursuivis par nos dragons. Ils ont laissé quelques morts.

Nos fantassins ont grande confiance dans leur fusil qu'ils reconnaissent supérieur au fusil allemand.

On amène au camp un homme arrêté comme espion : c'est un ouvrier français revenant de travailler à l'étranger.

Rencontré plusieurs militaires sortant de l'Eglise.

Dans la soirée, pluie torrentielle. Grand émoi dans le village, les caves où les habitants ont caché des objets de valeur ayant été inondées.

Les dragons trempés rentrent d'une longue reconnaissance, sans avoir eu de contact avec l'ennemi.

28 *Jeudi*. — La cavalerie quitte la prairie pour les hauteurs. L'Empereur serait à Metz. On ne reçoit ni lettres, ni journaux. Des drapeaux tricolores et des drapeaux portant la croix de Genève, arrivent à l'ambulance. On nous remet des brassards hâtivement confectionnés :

ce sont de simples bandes en toile de coton sur lesquelles on a imprimé une croix avec de l'ocre rouge.

Deux escadrons partent d'urgence pour Sarreguemines
où l'ennemi s'avancerait.

Un beau cheval appartenant à un officier d'état-major
s'échappe du camp, traverse le village au galop et gagne
la frontière, sautant les haies, sans qu'on puisse le
rattraper.

A une table isolée, au fond du jardin du père Gœttmann, un jeune fourrier imberbe du 40ᵉ de ligne est
assis auprès de son sergent-major. Le premier pleure,
le second semble le réconforter ; ils vident une bouteille
de vin et sortent souriants.

L'aspect du camp le soir, avant l'extinction des feux,
produit une salutaire impression.

29 *Vendredi*. — Réveillé à 4 heures par une fusillade
partie du 40ᵉ de ligne, à l'ouest de Merlebach.

La poste militaire fonctionne régulièrement ; franchise
postale ; lettre du pharmacien en chef du corps d'armée
me demandant un état de mes titres scientifiques et militaires et me prescrivant l'envoi, tous les cinq jours, d'un
rapport succinct sur mon service. Mes titres sont mo-
destes : bachelier ès-sciences de la Faculté de Lyon
(1864) ; pharmacien-élève à l'Ecole du service de santé
militaire de Strasbourg (20 octobre 1865) ; pharmacien-
stagiaire au Val-de-Grâce (oct. 1868) ; pharmacien aide-
major de 2ᵉ classe (18 sept. 1869).

Lettre de Signoud datée de Metz ; il a quitté le quartier général du 3ᵉ corps, pour l'ambulance de la 1ʳᵉ division.

Grand conseil de guerre à Saint-Avold présidé par
l'empereur.

Vers midi, des paysans signalent la présence de cavaliers ennemis.

Nos avant-postes sont au-delà de la frontière, les habitants font bon accueil au 12e chasseurs à cheval et offrent pain, jambon, vin, bière, etc. La ville de Sarrelouis s'apprêterait à nous recevoir très amicalement.

Les officiers sont invités à rendre moins visibles les insignes de leur grade. Plus d'épaulettes, les képis des généraux ne porteront que 2 ou 3 étoiles, suivant qu'ils sont brigadiers ou divisionnaires.

Ce soir, mes souvenirs se reportent aux journées de juillet 1830, à mon oncle me racontant dans ma jeunesse le début de l'émeute par la destruction des reverbères du quartier St-Victor; l'entrée à la Cité, à la suite de Darcole, par le pont qui depuis a porté ce nom et l'occupation des tours Notre-Dame.

L'an dernier à pareille époque, après le service du matin du Val-de-Grâce, je m'étais rendus vers 11 h. 1/2 à l'Eglise St-Paul où a lieu chaque année une messe pour les victimes de l'insurrection. Il y avait peu de monde : de vieux bourgeois et de vieux ouvriers portant la médaille de Juillet, un soldat de la ligne, quelques invalides et quelques femmes. En sortant, Garnier Pagès donnait des poignées de main aux assistants.

Le souvenir me revint aussi de *La Curée* d'Auguste Barbier qui me fut révélée, il y a une dizaine d'années, en parcourant une collection de journaux de 1848 à 1851. L'impression fut telle que ces vers sont depuis restés gravés dans ma mémoire :

> Oh ! lorsqu'un lourd soleil chauffait les grandes dalles
> Des ponts et de nos quais déserts,
> Que les cloches hurlaient, que la grêle des balles
> Sifflait et pleuvait par les airs ;

Que dans Paris entier, comme la mer qui monte,
Le peuple soulevé grondait,
Et qu'au lugubre accent des vieux canons de fonte
La *Marseillaise* répondait,
Certe, on ne voyait pas, comme au jour où nous sommes,
Tant d'uniformes à la fois ;
C'était sous des haillons que battaient les cœurs d'homme
C'étaient alors de sales doigts
Qui chargeaient les mousquets et renvoyaient la foudre,
C'était la bouche aux vils jurons
Qui mâchait la cartouche, et qui, noire de poudre
Criait aux citoyens : mourons !

3o *Samedi*. — A St-Avold le matin, chez le général Saget, chef d'état-major général. Aucun cheval n'est disponible à la remonte, ni pour M. Beurdy, ni pour moi.

Le soir, départ pour Forbach du 4oᵉ de ligne suivi peu après du 24ᵉ.

Des vagons chargés de bateaux plats se rendent à Sarrebrück ; des pontonniers les accompagnent.

L'entrain des troupes va en augmentant.

L'excellent curé de Merlebach, très répandu parmi les soldats qui ont pu apprécier son bon vin de Lorraine, avait l'espoir de célébrer demain une grande messe, avec musiques militaires, lorsqu'arrivent des ordres de départ.

3i *Dimanche*. — On nous communique dans la matinée la circulaire suivante :

« Quand un officier sans troupe ou assimilé fera parvenir à l'état-major général du corps d'armée une note indiquant le nom et le corps d'un homme demandé par lui, comme ordonnance, des ordres seront immédiatement donnés, si la demande est régulière, pour que cet homme soit mis à sa disposition. »

St-Avold, le 3o juillet 187o.

Par ordre :

Le général chef d'état-major général,
Signé : Saget.

La route de Forbach est sillonnée de troupes de toutes armes.

Première rencontre des mitrailleuses : en les voyant si coquettes on ne se douterait pas qu'elles sont si cruelles.

Des chasseurs à pied passent allègrement. Un jeune chasseur tombe dans le rang, victime de la chaleur qui est très forte. Il est transporté sous un hangar, près de la route. Sur le cou dégagé des vêtements apparaît une petite médaille de la Vierge, en argent. D'énergiques frictions avec des poignées de paille, pratiquées par Sommeiller, le ramènent à la vie.

Et de nouvelles troupes continuent de passer ! On a la sensation d'une irrésistible invasion de l'Allemagne.

AOUT 1870

1er *Lundi.* — Notre division part sans manger. L'ambulance reste seule avec l'état-major et des cuirassiers.

La division de cavalerie du 3e corps vient occuper notre emplacement et d'autres troupes du même corps ne cessent de défiler. Le capitaine de gendarmerie, mon premier compagnon de route, passe à cheval avec le médecin aide-major Zaepfell. Dîner en popote, en plein champ.

2 *Mardi.* — Dès la pointe du jour, des régiments continuent à s'avancer. Vers 10 heures 1/2, pendant notre déjeuner, à proximité de la voie ferrée, l'Empereur passe avec le prince impérial. Ce dernier, debout à la portière du wagon, répond militairement à nos saluts.

M. Beurdy nous lit, en prenant le café, une savoureuse page de Rabelais.

Vers midi, le canon tonne dans la direction de Sarrebrück. L'ambulance se met en route à 4 heures. Sommeiller, Richon et Millet caracolent en avant; nous suivons avec M. Beurdy, tantôt à pied, tantôt en voiture et
traversons Cocheren, Rorbrück et Mersbach avant d'atteindre Forbach où nous stationnons longtemps, par
suite du retour du 66ᵉ et du 67ᵉ de ligne qui viennent de
donner à Sarrebrück. Allure endiablée des soldats dont
les visages bronzés sont sillonnés de perles de sueur.
Ils crient, à tue-tête, une chanson improvisée où il est
question de Bismarck et dont nous ne percevons que les
derniers échos :

> Tes soldats prussiens
> Ne valent plus rien
> Si ça continue
> Tu n'en auras plus.

Plusieurs casques à pointes flottent au sommet des
baïonnettes. Un jeune abbé, au premier rang de la foule,
manifeste naïvement, à haute voix, le désir d'en posséder
un. « Fallait venir avec nous » clame, en goguenardant,
un de nos vainqueurs.

Rencontre de M. Robillard ; tout va pour le mieux.

Après de longs retards, produits par l'encombrement
des rues, nous campons à droite de la ville, dans un pré
à gauche de la route qui conduit à Grosbliederstroff.
Première nuit à la belle étoile. A l'horizon, au nord,
vastes lueurs d'incendie. Grands mouvements de troupes
pendant la nuit.

3 *Mercredi.* — Sommeiller se rend au matin à l'hôpital civil où ont été évacués 72 blessés français, dont un
capitaine très grièvement atteint, et plusieurs prussiens.
Il nous rapporte quelques détails sur l'enlèvement de la

gare, très vivement défendue ; sur l'entrain extraordinaire des troupes ; sur quelques curieux cas de blessures ; sur l'effet des mitrailleuses.

On dit en ville que le succès d'hier n'a pas été poursuivi, par crainte des houillères qui seraient minées. On dit aussi que Bazaine voulait attaquer 45.ooo Prussiens dans les environs de Sarrelouis et que l'empereur s'y était opposé.

Le propriétaire d'une petite maison en avant de Sarrebrück a été tué dans son jardin par une balle perdue.

La pluie arrive le soir et, avec elle, la tristesse au campement.

4 *Jeudi*. — Première lettre de la famille depuis mon départ de Lyon. Inquiétudes maternelles. Les hommes de la réserve sont partis et la garde mobile va suivre. Mes colis du 23 juillet sont arrivés en bon état.

Honneurs funèbres rendus au capitaine du 66e et aux soldats morts à l'hôpital des suites de leurs blessures.

Nous touchons notre part des 8.ooo litres de vin distribués aux troupes, au nom du prince impérial, en raison des événements du 2.

Cantonnement entre la cavalerie et l'artillerie.

Un exemple de justice sommaire : un soldat du train accusé de vol est étendu sur une couverture de campement avec des brosses, bottes, etc., et, malgré ses supplications, vivement projeté en l'air par ses camarades.

Chez un coiffeur de Forbach : coupe de cheveux à la Titus. Acquisition d'un pliant, d'une gourde, et, sur les conseils de Sommeiller, d'une petite ceinture en cuir pouvant dissimuler des pièces d'or et destinée à être portée sous la chemise de flanelle.

Achat dans une pharmacie de la ville de 10 kg. de sulfate de soude, 150 gr. de poudre d'ipéca et 150 gr. de perchlorure de fer, M. Beurdy estimant que ces produits sont en quantité insuffisante dans le caisson d'ambulance.

Des troupes d'infanterie se replient sur Bening. A 8 h. 1/2. ordre de se tenir prêts à partir. A 9 heures, coups de feux sur la lisière des bois, du côté de la gare. On sonne l'extinction des feux. Lueurs rougeâtres du côté de Sarrebrück. Nuit passée dans l'attente ; les soldats sont sous les armes. Roulements incessants de voitures sur la route Forbach-St-Avold.

5 *Vendredi*. — La ration de viande est portée de 300 gr. à 400 gr. On nous communique un numéro du *Figaro* où le succès de Sarrebrück est démesurément grossi. De sinistres nouvelles arrivent de la ville : le général Douay aurait été tué à Wissembourg ; sa division serait détruite.

M. Beurdy voit le salut dans le corps expéditionnaire de la Baltique dont le commandement vient d'être confié au général Trochu.

La position de Sarrebrück serait abandonnée ; il n'y reste que quelques troupes (1 bataillon de chasseurs et le 76e de ligne).

6 *Samedi*. — Le matin, on entend la fusillade du côté de Sarrebrück. Vers 9 heures le canon tonne. La canonnade se rapproche, de plus en plus vive. Notre anxiété croît, car on ne voit partir aucune troupe. Un ancien sous-officier de lancier, aux traits énergiques, nous arrive ruisselant de sueur et couvert de poussière : « Les Prussiens, dit-il, se montrent sur la route de Sarrelouis

qui n'est pas gardée ; quatre uhlans ont pénétré dans une ferme menaçant de tout tuer si on ne leur indiquait où se trouvaient les Français ; les paysans fuient dans les bois». Ce brave homme est conduit au quartier général. Il en sort presque aussitôt, très peu satisfait de l'accueil qui lui fut fait.

Vers 3 heures, un régiment d'infanterie reçoit l'ordre de se porter immédiatement en avant ; plusieurs hommes sortent du rang pour satisfaire à un besoin naturel et rejoignent leurs camarades en courant. Un officier immobilisé par de violentes palpitations de cœur, ne peut suivre.

Des batteries de réserve du 17° d'artillerie campé à nos côtés partent au galop.

Sur les hauteurs qui avoisinent Forbach, des habitants suivent les mouvements des troupes.

L'action se corse : les mitrailleuses crépitent ; des obus éclatent au-dessus des bois ; une formidable détonation se fait entendre, suivie d'une épaisse fumée.

La cavalerie s'avance en longeant la forêt. Des caissons d'artillerie rentrent vides et endommagés.

Les blessés arrivent et, avec eux, quelques nouvelles : les Prussiens sont dans les bois ; ils sont tués dès qu'ils paraissent, mais il en revient toujours.

Les grands blessés sont évacués sur l'hôpital de Forbach. Quelques-uns moins touchés regagnent leur régiment, après pansement ; un sergent du 76ᵉ plein d'entrain les entraîne. Pour tous, le succès est certain.

A notre droite, des troupes fraîches s'avancent en ligne de bataille et gagnent les crêtes.

Arrivée, dans une voiture Masson, d'un capitaine du 76ᵉ enroulé dans un rideau de lit en toile indienne, puis d'un capitaine du 23ᵉ accompagné d'un soldat musicien. Ils sont dirigés sur l'hôpital.

Vers 5 heures le général Frossard se rend sur le champ de bataille et rentre peu après. L'action se ralentit.

A 7 h. 1/2 le quartier général part brusquement sans donner d'ordre ; peu après, à la tombée de la nuit, une vive fusillade éclate à la gare où se trouvent encore des dragons de notre division. Malgré les renseignements apportés le matin par le vieux sous-officier de lancier, l'ennemi s'est avancé impunément par la route de Sarrelouis.

Des obus tombent à nos côtés et amènent une véritable panique. Les voitures de réquisition se jettent en désordre sur la route. Prises les unes dans les autres, elles ne peuvent bientôt plus avancer. Quelques-unes chargées de fourrages sont en feu. Les conducteurs coupent les rênes et fuient avec les chevaux dans les bois. Des chasseurs à cheval, en désordre, cherchent à déblayer la route ; des artilleurs, officiers en tête, jettent les voitures dans les fossés pour livrer passage à l'artillerie.

M. Beurdy nous réconforte en nous disant qu'il ne faut pas attacher trop d'importance aux paniques. Elles sont fréquentes à la guerre. Il en a vu de plus poignantes en Italie où des régiments français ont combattu les uns contre les autres.

Nous partons les derniers : Sommeiller, Richon et Millet vont à leurs chevaux et, avec M. Beurdy, nous nous engageons à pied dans les bois à gauche de la route encombrée.

On voit Styring en feu :

> O combien d'actions, combien d'exploits célèbres
> Sont demeurés sans gloire au milieu des ténèbres (1).

---

(1) *Corneille*. Le Cid. *Act. IV.*

Des clairons sonnent le ralliement ; des soldats isolés arrivent de tous les côtés. Le moral est resté bon. Le bruit court que Frossard s'est fait sauter la cervelle. Nous reprenons la route suivie par l'artillerie et nous grimpons sur un caisson, à côté du conducteur.

Vers une heure du matin, nous traversons un village où tous les habitants sont sur pied. Une vieille femme donne un fort morceau de pain à l'artilleur qui, comme nous, n'a rien mangé depuis longtemps. Le brave garçon le remet à M. Beurdy. Celui-ci en fait trois parts et donne la plus grosse à l'artilleur ; puis il nous passe sa gourde que nous allégeons de quelques bonnes gorgées d'eau-de-vie.

Malgré les cahots de la voiture, je m'endors accoudé à M. Beurdy qui m'entoure de son manteau, le mien étant resté à Forbach avec nos bagages.

7. *Dimanche.* — Réveil sur la grande route, un peu avant Sarreguemines que nous traversons vers 5 heures. Violentes coliques dues à la fraîcheur de la nuit ; elles ne durent que quelques instants. Des habitants sont en chemise à leurs fenêtres. La plupart des maisons sont encore fermées. De l'une d'elles, part une balle qui siffle à nos oreilles : « Eh ! quoi, dit notre conducteur, voilà que des français tirent sur nous maintenant ! » On s'arrête après avoir traversé la grande rue. Sommeiller nous rejoint avec du pain et du fromage. Des pompiers que l'on vient de rassembler nous assurent que les Prussiens sont de l'autre côté de la Sarre et que des soldats du génie sont en train de miner le pont. Départ à 6 heures. Arrivée à Puttlange vers 2 heures. Nous y retrouvons le quartier général et les fourgons d'ambulance mais sans nos bagages.

Tout est enlevé chez les boulangers, bouchers, charcutiers et épiciers. Les soldats auxquels on a alloué des suppléments de solde, à défaut de vivres, font la queue aux boulangeries en attendant la cuisson du pain.

Une dame parente de la buraliste nous remet du chocolat et une tranche de pain.

Il fait très chaud. En rejoignant la cavalerie campée dans un pré nous rencontrons, nouvellement arrivé d'Algérie, un général portant sur son képi un immense chapeau de paille arabe qui attire l'attention.

Je m'endors, exténué, à l'ombre des peupliers.

Le départ est fixé à 11 heures du soir puis remis à 2 heures du matin.

8 *Lundi.* — Nous ne partons qu'à 4 heures après les autres troupes, ayant derrière nous la brigade Lapasset, formant arrière-garde.

En cours de route, vers 8 heures, poussés par la faim, nous entrons avec Millet dans une maison isolée ; nous y trouvons deux femmes en pleurs, la mère et la fille avec de petits enfants. Elles nous offrent des œufs et du pain. Elles sont tellement désemparées que nous faisons nous-même une omelette. Nous sortons navrés en laissant sur la table quelque argent qu'elles ne voulaient pas accepter.

A Altroff, nous retrouvons quelques camarades (un capitaine de gendarmerie, un capitaine de dragons, un officier de l'intendance) avec lesquels nous dinons dans un cabaret près de l'Eglise.

D'après un vétérinaire parti de Forbach dans la matinée du 7, la ville n'était pas encore occupée par les Prussiens ; il y avait beaucoup de voitures de vivres et de bagages abandonnées par leurs conducteurs.

Une dame et sa fille arrivent à pied de Putlange fuyant devant les Prussiens. Elles se rendent à Metz, chez des parents. On les fait monter sur un fourgon.

La retraite continue. Nous marchons toute la nuit. Pluie.

9 *Mardi*. — A 5 heures du matin, halte de quelques instants dans un petit village où nous trouvons du pain et du vin. Arrivée à Remilly vers 10 heures. Substantiel repas à 2 heures à l'Hôtel de France. Au moment de quitter la maison, une charmante demoiselle offre à chacun de nous, non sans rougir, un soi-disant talisman pour nous porter bonheur. C'est un morceau de racine d'iris de Florence que je mets dans ma sacoche.

Le 3e corps est en avant de nous. Rencontre de Signoud chevauchant au côté du capitaine de gendarmerie notre premier compagnon de voyage.

Nous campons dans une prairie que l'on nous oblige de quitter pour faire place à la cavalerie.

Le soir, de tous côtés sur les hauteurs, la vue des feux du bivouac nous réconforte et nous fait oublier un instant les misères dont nous avons été les témoins.

10 *Mercredi*. — Départ à 2 heures du matin ; nous suivons l'artillerie. Après bien des arrêts imposés par les encombrements aux croisements des routes, nous arrivons vers 8 heures en vue Metz. Pas d'ordres et pas de vivres. Nous entrons, tous les cinq, dans une auberge où nous faisons un solide déjeûner, avec vin vieux du pays, puis nous regagnons à la hâte nos voitures d'ambulance.

Triste aspect des environs de Metz. On abat des arbres qui gênent le tir des forts. Des paysans, vieillards, femmes, enfants, arrivent à pied ou en voiture avec du bétail, des fourrages, des provisions de toute nature.

Nous nous arrêtons enfin à la Haute-Bévoye, dans un champ d'avoine près d'une ferme, à proximité d'un château occupé par le quartier général. Notre cavalerie est campée en avant du fort Queuleuc, non achevé. Une compagnie de francs-tireurs se disperse dans les bois. Toute la nuit, pluie torrentielle. Je m'endors dans une voiture-Masson enveloppé du grand rideau laissé à l'ambulance par le capitaine blessé le 6 août.

11 *Jeudi.* — Au jour, nous allons nous sécher à la ferme où nous nous régalons d'une grosse soupe paysanne. Bonnes nouvelles de la famille.

A Metz. Les portes de la ville, la cathédrale, la statue de Fabert. Je relève sur le socle les paroles du vieux maréchal :

> Si pour empêcher qu'une place
> Que le roi m'a confiée
> Ne tombe au pouvoir de l'ennemi
> Il fallait mettre à la brèche
> Ma personne, ma famille et tout mon bien
> Je ne balancerais pas un moment à le faire.

Achat de médicaments à la pharmacie Lallement, rue Serpenoise. 300 francs d'achats dans divers magasins pour remplacer mes principales pertes de Forbach : valise, couverture, pardessus, linge de corps, chaussures, etc., cartes de Lorraine.

La statue de Ney : ce n'est pas une réplique de l'œuvre magistrale de Rude qui existe à Paris près du jardin Bullier où le vaillant soldat de la retraite de Russie a été fusillé (1).

---

(1) Par suite des travaux de voirie nécessités par le prolongement du chemin de fer de Sceaux, cette statue a été depuis reportée de l'autre côté de l'avenue de l'Observatoire.

Millet qui était à l'hôpital militaire au moment de la déclaration de guerre nous conduit à son ancienne pension où nous faisons un copieux repas arrosé d'une vieille bouteille de Pouilly offerte par M. Beurdy.

Nous parcourons les journaux dans un café, en attendant notre chef qui s'est rendu chez un dentiste pour une fluxion dont il souffrait depuis plusieurs jours.

En rentrant au camp vers 3 h. 1/2, nous rencontrons des officiers du génie et des élèves de l'Ecole d'application dirigeant des travaux pour la défense de la place. Ordre de départ, puis contre-ordre. Des uhlans viennent rôder autour du camp ; on en prend deux ; les autres s'échappent en enlevant un tulbury attelé qui stationnait devant une maison.

12 *Vendredi.* — Quelques coups de canon se font entendre vers midi. Des voitures chargées de mobilier quittent le château occupé par le quartier général pour se rendre à Metz. On en tire de tristes conséquences.

Grand mouvement de troupes de toutes armes.

Des soldats se portent en courant sur la route pour voir, disent-ils, Frossard emmené par des gendarmes. Il s'agit de quelques prisonniers de guerre.

Nous apprenons que le père Gœttmann de Bening a été enlevé comme ôtage, plusieurs soldats allemands ayant été tués par des francs-tireurs dont faisait partie son fils.

Dans la soirée, un militaire apporte une dépêche adressée directement par Mme Beurdy au général Frossard, son compatriote. Elle implore des nouvelles de son mari, le bruit s'étant accrédité que l'ennemi a tiré sur les ambulances de Forbach.

Nous nous étendons sur de la paille dans le four de la ferme, prêts à partir à la première alerte.

13 *Samedi*. — Promenade du côté de Borny chez nos voisins du 3ᵉ corps et de la garde impériale. Les musiques résonnent. De tous côtés nous arrivent, avec la *Marseillaise*, les airs les plus patriotiques. L'entrain renaît.

Au 97ᵉ de ligne qui tenait garnison à Lyon, je cherche en vain quelques officiers avec lesquels j'étais abonné au théâtre à raison d'une journée de solde par mois.

Les distributions de vivres, suspendues depuis Forbach, sont reprises avec égalité de rations pour tous les officiers. Le biscuit remplace le pain.

On dit que les Prussiens se concentrent vers Remilly. Ordre de se tenir prêts à partir à 2 heures du matin.

14 *Dimanche*. — Départ à 2 heures aux sons des fanfares. Grande animation dans le camp. Nous suivons le 5ᵉ corps, en route sur Metz. Des heures se passent aux portes de la ville, tant l'encombrement est grand. Après un repas sommaire, dans un petit restaurant, nous regagnons l'ambulance par une place occupée en partie par les Cent-Gardes. L'Empereur, en tenue de général, sort de la préfecture en voiture découverte : c'est bien l'homme fatigué que j'ai entrevu l'an passé se traînant péniblement au bras de Piétri dans le jardin réservé des Tuileries. Un seul cri de « Vive l'Empereur » a été immédiatement étouffé par un cri plus sonore de « Vive la France » poussé à nos côtés par un ouvrier.

Rencontre de quelques pharmaciens militaires : Vidau, Marty, Poggiale (1), Schaeuffèle.

(1) Pharmacien inspecteur, membre du Conseil de Santé ; pharmacien en chef de l'armée ; décédé en 1879, à l'âge de 71 ans. Membre de l'Académie de Médecine ; Commandeur de la Légion d'honneur.

Nous atteignons péniblement la rive gauche de la Moselle vers 5 heures. Nous campons à Longeville. Trois oriflammes devant une villa, un peu en dehors de la route, indiquent que l'Empereur est là.

Grande concentration de gardes mobiles non équipés.

Le canon tonne sans relâche dans la direction de la Haute-Bévoye et avec une intensité croissante jusqu'à 8 h. 1/2.

Nuit très fraîche. Feu de bivouac.

15 *Lundi*. — Debout à 2 heures du matin. Les troupes s'avancent péniblement, tant la route est encombrée par les voitures portant des vivres et des bagages.

Divers bruits se propagent dans la colonne : nous avons été vainqueurs hier à Borny ; 30.000 prussiens auraient été mis hors de combat. Des éclaireurs ennemis, venant d'Ars auraient attaqué ce matin l'escorte de l'Empereur au moment où il quittait Longeville. Un colonel d'état-major et un commandant auraient été tués.

Après le défilé de Gravelotte où le paysage est très beau, nous étions au repos dans un champ près de la route lorsque le général Frossard, à cheval, passa avec quelques officiers de son état-major.

Arrivée à Rézonville à 10 heures. Halte dans un champ à droite à quelque distance du village, à mi-côte de la voie romaine. A 11 heures le canon se fait entendre tout près, en avant de Vionville.

Des chasseurs à cheval surpris par la cavalerie ennemie arrivent en désordre. Un bataillon de chasseurs s'avance en tirailleurs, par bonds, en traversant le terrain que nous occupons. Ils sont suivis de près par des dragons qui les devancent. Vers 1 heure le canon cesse et le calme revient.

Un officier porteur de dépêches a reçu trois coups de sabre, non mortels.

Deux soldats de la garde du prince Frédéric Charles sont amenés par trois cuirassiers et remis à deux gendarmes qui leur mettent les menottes pour les conduire au village où se trouvent les quartiers généraux des 2e et 6e corps. Ils protestent en excellent français : « Nous sommes des prisonniers de guerre et non des malfaiteurs ».

Un uhlan pris par des paysans leur a dit que ses camarades étaient fortement démoralisés.

L'aumônier de la division retenu à l'hôpital de Forbach fait une courte apparition à l'ambulance. Il vit en dehors de nous.

16 *Mardi.* — Réveil en sursaut, au milieu de la nuit, par les cris « Aux armes » plusieurs fois répétés. C'est une fausse alerte. Nous attendions en vain depuis 3 heures l'ordre de nous mettre en marche, lorsque vers 9 h. 1/2, au moment où l'on allait déjeûner, le canon se fait violemment entendre du côté de Mars-la-Tour. Notre cavalerie d'avant-garde surprise à Vionville se replie en désordre de notre côté, serrée de près par la cavalerie ennemie.

Des régiments d'infanterie s'avancent en tirailleurs à travers les champs déboisés pendant que nous gagnons la lisière d'un bois, près de la voie romaine, d'où la vue, favorisée par un beau soleil, s'étend au loin sur la Moselle. La bataille se généralise ; la canonnade est de plus en plus intense. Une batterie d'artillerie de la garde aux attelages resplendissants défile à fond de train, puis, passent au galop de charge des chasseurs et des dragons.

Les cuirassiers de la garde se montrent à notre gauche et s'arrêtent un instant devant nous. Un maréchal-des-logis met pied à terre pour embrasser un gendarme de la prévôté, son frère et remonte à cheval. Le régiment s'ébranle dans une allure épique et le terrain tremble sous les pieds des chevaux. Idéale vision !

Des soldats apportent un jeune lieutenant d'infanterie ; il est livide et ne respire plus. Quelques blessés arrivent isolément ; tous, avant d'être soignés, demandent instamment à boire. L'eau manque.

Aucun avis du quartier général ne faisait prévoir une bataille lorsque les événements nous ont portés fatalement loin de tout centre d'habitation. Nos troupes sont refoulées ; l'ennemi gagne du terrain. Des balles sifflent et viennent ricocher sur les voitures. La situation n'est pas tenable.

Pendant que le personnel de l'ambulance se dirige avec les blessés du côté de Rezonville, je m'attarde au caisson de pharmacie que les soldats du train ont eu de la peine à démarrer et je me réfugie dans le bois voisin avec des chasseurs à pied poursuivis par la cavalerie. Les balles se perdent dans le feuillage, sans atteindre personne. A la sortie du bois, dans un chemin à droite, les chasseurs se rassemblent pour se porter en avant d'une ferme dont la cour, où j'entrai, était encombrée de blessés étendus sur de la paille. J'étais à Villers-sous-Bois à l'ambulance de la 1re division du 6e corps avec M. Papillon, médecin en chef et les aides-majors Gobillot, Forgues, Duprey et Clément avec lesquels je donnais mes soins aux blessés (1).

---

(1) CLÉMENT, de Lons-le-Saulnier, est mort en 1876 ; DUPREY, de Saône-et-Loire et GOBILLOT ont été retraités médecins-major de 1re classe ; FORGUES, des Hautes-Pyrénées, médecin principal de 1re classe.

Toutes les armes y étaient mêlées. Une cantinière s'est prodiguée. Le colonel Ney (1), blessé, l'a félicitée en lui adressant ces mâles paroles, manifestement bien accueillies du soldat : « Vous êtes une bonne c ..... de femme. »

A la tombée de la nuit, la faim agissant — personnellement je n'avais rien mangé depuis 28 heures — nous entrons avec Duprey dans une petite pièce où étaient des soldats morts que nous avons déplacés pour ouvrir une armoire où nous trouvâmes du pain, du beurre et du vin.

Dans la soirée, le maréchal Lebœuf apparait à la lueur des feux de bivouac. Il nous annonce que nous sommes vainqueurs sur toute la ligne, que nous avons conservé toutes nos positions et que nous allons coucher sur le champ de bataille. Un colonel prussien, le bras en écharpe, qui assistait à l'entrevue nous dit, après le départ du maréchal : « Vous êtes vainqueurs aujourd'hui, messieurs, mais vous n'avez devant vous que quelques corps d'armée et toute l'Allemagne est en marche sur la France. » Ces paroles, prononcées lentement, d'une voix très calme et sans forfanterie m'émurent profondément.

Malgré la fatigue de la journée je songeai à regagner le 2e corps. M. Papillon s'y oppose, toutes les troupes étant mêlées : ce sera pour demain matin.

17 *Mercredi.* — Au jour, je m'apprêtais à quitter le 6e corps, lorsque arriva l'ordre de partir immédiatement en laissant tous les blessés qui doivent être évacués sur Metz.

(1) Plus tard général, Michel Ney, duc d'Elchingen, né à Paris en 1835, était un petit-fils du maréchal.

En route, un officier d'administration du service des hôpitaux, M. Ceccaldi, m'apprend la mort de M. Beurdy (1). Il a été tué hier à coups de sabre par des dragons prussiens. Cette mort m'affecte profondément.

Le maréchal Bazaine qui se trouvait à proximité de notre ambulance, au moment de sa dislocation, a failli être enlevé avec son état-major.

On s'arrête en avant de Verneville, près d'un château où se trouve le quartier général du maréchal Canrobert. L'artillerie est campée dans un pré bordé de peupliers. Nous nous reposons derrière une batterie. Je m'endors un instant sur l'herbe.

Des paysans ayant aperçu des prussiens quittent le village en poussant leur bétail devant eux.

Sur la hauteur, entre deux massifs boisés, on voit distinctement passer au pas un régiment de cuirassiers blancs, sabre au fourreau. Instantanément, au commandement d'un officier, une pièce est tournée dans cette direction. Elle ne tire qu'un seul coup. Les cuirassiers ont disparu.

Le manque d'eau se fait sentir de tous les côtés. On part à 4 h. 1/2 pour atteindre Amanvillers la nuit, à 11 heures. Rien à manger. Les soldats murmurent contre l'intendance. Au 2ᵉ corps formé par les troupes stationnées au camp de Chalons, il y a plus de discipline. Nuit très fraîche. Feu au bivouac.

---

(1) BEURDY (Bonaventure-Théodore), né à Seurre, en 1824, a été porté à l'ordre général de l'armée du Rhin avec la citation : « Tué par dss cavaliers prussiens, à son ambulance, en donnant ses soins aux blessés. (Bataille de Rézonville, 16 août) ». J'ai appris, il y a quelques années, que plusieurs objets ayant appartenu à M. Beurdy, avaient été déposés par sa femme au Musée du chanoine Faller, à Mars-la-Tour. Qu'est devenu ce Musée dans la tourmente que nous traversons ? Où est le *Rabelais* qui nous fit passer de si bons moments ?

18 *Jeudi*. — Le mouvement est repris le matin par un temps très clair. Je remets à la poste militaire quelques lignes à l'adresse de ma famille (1).

Vers 9 heures 1/2 nous atteignons le gros village de St-Privat-la-Montagne, en partie abandonné par ses habitants. Le canon tonne du côté de Ste-Marie-aux-Chênes,

L'ambulance s'installe à droite de l'Eglise dans une maison bourgeoise nouvellement construite. Un corridor la traverse, aboutissant à un petit perron dominant un jardin entouré de murs. La cuisine donne sur la rue ; une pompe est à proximité de l'escalier conduisant à l'étage supérieur.

La salle à manger qui est à côté, affectée aux opérations chirurgicales, n'a qu'une fenêtre sur le jardin. La vue est limitée à droite et à gauche par des maisons avec jardins, mais elle s'étend très loin en avant, du côté de Metz, où elle se perd sur des hauteurs boisées.

Notre installation communique avec un vaste hangar s'ouvrant sur la rue et contigüe à d'autres pièces, dont une écurie vide, au-dessus de laquelle est un grenier presque rempli de foin.

Les blessés affluent de ce côté. Les plus atteints sont introduits successivement dans la salle d'opération où M. Papillon m'a confié le chloroforme.

Le premier est un artilleur dont la cuisse a été broyée

---

(1) « De la ferme de la Haute-Bévoye où s'est livré le combat du 15, nous avons traversé Metz pour nous rendre à Rézonville où j'ai assisté à la sanglante bataille du 16. Je suis dans une ambulance du 6ᵉ corps. Nous marchons constamment autour de Metz sans rien savoir de ce qui se passe. » Ces lignes au crayon, portant le cachet « armée du Rhin — quartier général du 6ᵉ corps — 18 août 70 » ne sont arrivées à destination que le 3 juin 1871.

par un éclat d'obus resté dans les chairs : puis, c'est un
fantassin à la figure énergique qui, le bras coupé, s'en
va tranquillement, sans aide, en remerciant M. Papillon.
Celui-ci le réconforte par quelques paroles amicales et
l'accompagne jusqu'à la porte en lui serrant son unique
main.

La série des mutilés continue, sans préoccupation de ce
qui se passe au dehors. Les glorieux débris sont portés
par des infirmiers dans une petite fosse creusée au fond
du jardin, à droite.

Vers 4 heures les coups de canon se succèdent avec une
telle violence que tout travail est impossible. Restés
seuls, sans blessés, nous nous asseyons sur le parquet,
adossés au mur, les coudes sur les genoux et nous
attendons, muets et résignés.

Soudain, un obus éclate dans l'escalier de la cuisine.
C'est notre fin. En quelques secondes, toute ma vie me
revient, avec une acuité extraordinaire : les premières
années d'enfance, l'école communale, le maître si dévoué
qui nous apprit à lire, à écrire, à chiffrer ; la vieille
église où j'ai servi la messe, avant d'aller au lycée ; les
grands parents disparus, ceux qui restent : le père, la
mère, la sœur, les frères, l'oncle paternel ; c'est à eux
que s'arrêtent les dernières pensées.

Le bruit du canon cesse presque subitement. Un sous-
lieutenant de chasseurs à cheval qui s'était introduit
furtivement dans la pièce où nous étions disparaît de
même, sans avoir rien dit à personne.

Nous nous approchons de la fenêtre. A notre gauche,
à moins d'un kilomètre, quelques soldats d'infanterie
avec un officier portant un drapeau déployé s'avancent
au pas, à travers champs, dans la direction de Metz. Un

petit soldat de la ligne, sans sac, le fusil en main, le dos courbé cherche à les rejoindre en courant le long des murs des jardins. Pauvre petit ! Dieu sauve la France !

Dans la cour d'une maison, à gauche, un général (Plombain) blessé à la tête par un éclat d'obus attend, debout, immobile, l'épée à la main, telle une statue.

Gobillot saute par la fenêtre et s'avance au fond du jardin ; il n'a rien vu à droite ni à gauche.

Le jour va en décroissant. Une batterie française apparaît à la lisière des bois sur la route de Saulny et tire sur St-Privat, particulièrement de notre côté.

Un officier d'administration (M. Michelot) hisse sur le toit de la maison une perche portant un drap de lit pour signaler la présence de l'ambulance. La batterie disparait après avoir tiré quelques coups.

Au déclin du jour, des hourras formidables se font entendre. La porte est forcée par des fantassins ennemis en armes. Ils sont très surexcités, les vêtements débraillés, couverts de poussière, la face bronzée, ruisselante de sueur. En reconnaissant un « lazaret », ils se retirent sans nous molester et se jettent, en se bousculant, sur la pompe de la cuisine. Après eux, d'autres arrivent, et la source est bientôt tarie.

Des lueurs d'incendie apparaissent vers l'Eglise, puis de l'autre côté de la rue, où sont des maisons contenant des blessés non transportables.

Nous nous retirons, sans manger, dans le grenier à foin au-dessus de l'écurie.

Des musiques, avec accompagnement de chants graves, se font entendre au loin. Ce sont nos ennemis glorifiant leur victoire par des actions de grâce. Il y a de la grandeur dans cette impressionnante manifestation qui nous brise le cœur.

De nombreuses allées et venues se produisent sous le hangar à côté, puis on entend des coups de marteau précipités. Nous apprenons, peu après, que des personnages influents, tués dans la journée, avaient été mis en bière et envoyés directement en Allemagne.

Au réveil, avant de quitter le foin où nous avons reposés, qui touche presque à la toiture, nous inscrivons nos noms au crayon, comme de jeunes écoliers, sur les poutres du grenier.

19 *Vendredi.* — Nous sommes parmi les privilégiés. A l'ouest, au sud-ouest et au nord du village toutes les maisons ont été plus ou moins démolies par la trombe de fer qui précéda l'assaut. De rares habitants se montrent dans la rue. Le fils du propriétaire des locaux occupés par notre ambulance, dite *Ambulance du Château,* fait une courte apparition. Un officier allemand se présente de la part du général Schwartz et fait remettre au général Plombain quelques vivres et une bouteille de vin cacheté. La liberté immédiate lui est offerte, s'il veut s'engager à ne pas servir dans l'armée française pendant un an. Le vieux brave refuse, les larmes aux yeux, et demande seulement à conserver auprès de lui son ordonnance, le soldat Petit.

Des charrettes de réquisition viennent prendre les officiers blessés. Il fait froid ; presque tous ont des capotes de soldat ; le général a un manteau de dragon. Départ très impressionnant : des larmes coulent. Le capitaine Martin me confie une lettre à destination de Lassale (Gard).

Il nous vient du voisinage un petit sac de farine ;
l'aumônier en fait des galettes qui sont cuites sous la
cendre et mangées encore chaudes.

A la nuit tombante, grand tumulte devant l'ambulance, heureusement protégée par des factionnaires. Des
soldats sans armes, dans un grand état d'exaltation,
apportent une paysanne d'une soixantaine d'années, les
cheveux gris en désordre, les vêtements déchirés, n'ayant
aux pied que de grosses chaussettes en laine bleue. Elle
a été rouée de coups et respire à peine. Elle est accusée
d'avoir voulu venger la mort de son fils, tué la veille, en
cherchant à couper la gorge à deux officiers pendant
leur sommeil.

On nous annonce des « nutriments de vie » : nous
recevons en effet, peu après, quelques aliments. On
entend au loin des musiques militaires.

20 *Samedi*. — Toutes les troupes ont quitté le
village pendant la nuit. Des médecins prussiens se présentent à l'ambulance. Ils se montrent bienveillants à
l'égard des blessés. Une copieuse distribution de bouillon est favorablement accueillie par tous, à l'exception
de l'énergique lorraine qui ne veut rien accepter de nos
ennemis.

Courte apparition sur le champ de bataille.

Dans une vaste fosse, en présence d'un officier d'administration, on entasse pêle-mêle des soldats tués le 18.
Parmi les morts qui attendent, l'un d'eux, un prussien
de grande taille offre un cas de rigidité instantanée. Il
est sur le dos, n'ayant plus de ventre ; la figure marque
l'effroi ; les yeux sont fixes ; les bras raidis en avant de
la tête, comme pour se garer du projectile qui l'a tué.

Près de la fosse, une croix faite avec les débris d'une porte en sapin et, à côté, une grande couronne en branches de laurier parsemées de fleurs d'immortelles.

L'Eglise est fortement endommagée ; le petit cimetière témoigne de la résistance opposée par le 9ᵉ bataillon de chasseurs. Les tombes sont renversées, les clôtures éventrées, des balles françaises et allemandes sont incrustées dans les murs ; des cartouches intactes sont répandues sur le sol. En sortant du cimetière par une brèche, la vue s'étend sur la région qui va, en pente douce, de Ste-Marie-aux-Chênes à Doncourt. Tout indique l'acharnement de la lutte. Des peupliers bordant les routes, ont été coupés et déchiquetés par le canon. Beaucoup de petits obus intacts peints en rouge. Partout, des débris d'effets, d'équipement (sacs, bidons, coiffures, fusils brisés), des livrets de soldats....

Je prends, en passant, quelques souvenirs :

1° Des balles françaises et allemandes plus ou moins déformées ;

2° Des paquets de cartouches éventrées ;

‹ 3° Un fragment de dragonne allemande en laine, portant traces de coups de sabre (gland rouge, fermeture du gland jaune, franges blanches) ;

4° Une plaque d'étain détachée d'un shako. Au centre d'une croix de Malte un médaillon portant un double W surmonté d'une couronne royale avec, en exergue, la devise « Immota fides » ;

5° Un petit étui en ferblanc portant la marque K 17986 et contenant un ressort avec deux aiguilles pour fusil Dreyss ;

6° Un fragment (4 pages) du journal *Hurrah Prussen*, n° 1, du 3 août 1870. A la 1ʳᵉ page, des soldats français (zouaves, chasseurs à pied...) fuient devant des soldats allemands. A la 8e et dernière, Napoléon III en César romain quitte ses béquilles et tire son glaive pour suivre Lebœuf, Grammont et autres personnalités politiques en route sur le Rhin, où sont groupés des soldats français de différentes armes et, au premier plan, un gros cuirassier à cheval. De l'autre côté du fleuve, un fantassin prussien fièrement campé, l'arme au pied, lance un regard de défi.

En rentrant, visite d'une ambulance saxonne. Une Société internationale de secours aux blessés se présente ensuite. Elle produit une mauvaise impression; la curiosité l'emporte sur le désir d'être réellement utile. Un russe manifeste trop vivement sa haine pour « Napoleone ».

Je remets à cette Société ma carte de visite à l'adresse de ma famille avec ces seuls mots : « Je suis bien portant entre les mains de l'ennemi. St-Privat-la-Montagne, 20 août (1) ».

Dans la soirée arrivent des camarades d'infortune restés avec les blessés :

Les médecins-majors de 1re classe, François du 19e d'artillerie, Poppleton du 26e d'infanterie, Paret du 91e, de Launay du 12e.

Les médecins-majors de 2e classe, Poupelard du 5e d'infanterie, Judée du 94e, Tison, Servent, du 9e bataillon de chasseurs; le pharmacien-major de 2e classe Verrier, récemment passé d'Algérie à l'ambulance de la 4e division du 6e corps.

---

(1) Arrivée à destination le 28 août : elle portait les timbres de Wiesbaden 24 août » et « Erquelines-Prusse 27 ».

Les médecins aides-majors de 1re classe Jeunehomme du 9e chasseurs, Thurel du 93e, Moussu du 12e, Boell et Biebuyck.

Les aides-majors de 2e classe Collin, Margantin et Duchêne, de l'ambulance de l'Eglise.

Les sous-intendants militaires Moyse, Bouvard, Bonfilliou et Gatumeau.

Les officiers d'administration des hôpitaux Laguerre et Michelot.

L'abbé de la Chapelle.

Quelques médecins des régiments restent avec nous : (Poupelard, Judée, Moussu (1), Paret, Thurel) et nous donnent des renseignements sur la bataille. Ste-Marie-aux-Chênes a été enlevé par la garde prussienne et Doncourt par les Saxons. De ces deux points, des batteries ont attaqué notre artillerie qui a dû se retirer, faute de munitions. Canrobert quittant le village au pas, avec son état-major, a provoqué l'admiration générale.

Pendant l'assaut, des régiments entiers de la garde prussienne ont été anéantis. Les Saxons ont perdu moins de monde.

On parle aussi de la belle tenue au feu du général Colin très grièvement atteint à la cuisse, des terribles blessures des mitrailleuses, de 37 cadavres trouvés dans les décombres d'une maison, d'une quarantaine de blessés abandonnés dans une ferme incendiée....

21 *Dimanche*. — C'est aujourd'hui, paraît-il, la fête

---

(1) J'ai retrouvé cet excellent camarade à l'hôpital militaire de Cherchell, en 1875. Il est mort à Marseille, en activité de service, médecin principal de 1re classe, officier de la Légion d'honneur. Moussu était né à Lure en 1841.

patronale de St-Privat. Qui s'en douterait ? Matinée très
fraîche. Le pardessus acheté à Metz étant resté au 2e
corps avec mes bagages, je prends la capote d'un artilleur décédé.

Visite du vicaire. Il nous apprend qu'un boucher vient
d'être enlevé par les prussiens et que la disette d'eau se
fait sentir.

A 9 heures du soir, il nous vient de Thionville des
médecins requis.

22. *Lundi*. — Evacuation de blessés sur Remilly. De
nouvelles troupes, beaucoup moins disciplinées et moins
accommodantes que les premières, occupent le village. Les
sentinelles nous empêchent de sortir. La température a
baissé : feu de bivouac dans la cour. Les médecins requis
de Thionville sont dirigés sur Pont-à-Mousson.

23 *Mardi*. — Nouvelle évacuation de blessés. Per-
quisition à l'ambulance. Ordre de livrer toutes les armes.
Nous ne sommes pas fouillés : je conserve un petit
revolver de poche donné par mon oncle.

M. Judée envoyé en parlementaire, pour revendiquer
les droits que nous confère la Convention de Genève, a
été fort mal reçu et congédié avec menaces.

Pluie. Le soir, visite de médecins prussiens qui, avant
de se retirer, nous offrent des cigares. Ils ont parlé avec
admiration de la bravoure de nos soldats.

Les conversations se prolongent une partie de la nuit
dans l'écurie transformée en salon.

24 *Mercredi*. — La mortalité augmente. Aujourd'hui
8 décès dont un soldat du 26e de ligne qui avait eu la
poitrine traversée par une balle. Plusieurs cas de dysenterie se manifestent ; des blessés désirent la mort.

Le vicaire nous remet trois pains et un petit pot d'extrait Liébig.

Les deux lignes suivantes ont été adressées à ma famille sur une carte postale remise par les allemands : « Je suis bien portant entre les mains de l'ennemi. Soyez sans inquiétude. 24 août 1870. Saint-Privat-la-Montagne (1).

Evacuation sur Metz de blessés accompagnés par MM. Paret et Thurel. La venue d'un curé qui serait porteur d'une lettre de Mme Bazaine à son mari, nous inspire des doutes.

25 *Jeudi*. — Les habitants commencent à revenir dans les maisons voisines. Les dysenteries augmentent. Un cas de choléra suivi de mort, chez un prussien.

De plus de 500 blessés que nous avions au début, il n'en reste que 63.

On annonce pour demain 8 heures notre délivrance. Au loin, musique et chants militaires.

Le soir on parle de la bravoure d'un officier du 26e tué le 18 devant l'église de St-Privat ; des prouesses des chasseurs d'Afrique ; de l'endurance des chevaux arabes.

Pour combattre la dysenterie je prends un peu d'opium avant de me coucher. Nuit agitée.

26 *Vendredi*. — Notre départ fixé à 8 heures est remis à midi, puis à 3 heures, mais toujours sans résultat. L'Internationale luxembourgeoise nous apporte du pain, du vin, des médicaments et surtout de l'acide phénique. Un médecin de Genève, plus allemand que suisse, et dont

---

(1) Arrivée à destination le 1er septembre.

plusieurs travaux ont été couronnés à Berlin, nous choque par ses allures prussophiles.

Un de nos médecins militaires (M. Boell) qui s'est avancé jusqu'à Doncourt, revient enchanté des médecins saxons. Il nous dit que demain on doit nous diriger sur Luxembourg. D'après un journal allemand laissé par l'Internationale, les Prussiens ont nommé un gouverneur en Lorraine; ils sont plus d'un million en France ; le roi Guillaume serait à Pont-à-Mousson. Nous nous couchons navrés.

27 *Samedi.* — M. Judée va demander quelques subsides à l'ambulance prussienne : il obtient un peu de viande.

Des paysans lui ont appris que nous aurions eu un succès du côté de Verdun où l'armée allemande aurait été coupée. Bazaine aurait, hier, tenté de sortir de Metz mais sans succès. Grands mouvements de troupes à l'ouest. L'espoir renait.

La patriote lorraine qui a refusé toute nourriture s'éteint dans la soirée ; le vicaire vient demander un certificat de décès.

M. Collin a trouvé un jeu de cartes que nous utilisons longuement. On reçoit un peu de vin.

Nouvelle demande de mise en liberté adressée au général. Il fait répondre qu'il viendra demain.

Avant de se coucher, grande discussion sur nos chances de succès ; sur les causes de nos revers ; sur le rôle de l'impératrice ; sur Bazaine, Mac-Mahon et nos principaux généraux ; sur l'avenir de l'Algérie et les utopies de Méry. MM. Poupelard et Judée prennent la plus grande part à ces discussions.

28 *Dimanche*. — St-Augustin. Fête patronale de St-Julien, mon pays natal. Il doit en être là-bas, comme dimanche dernier à Saint-Privat. Où sont les chevaux de bois, les mâts de cocagne, les loteries, les courses, les tirs, les bals, les feux d'artifice si courus des gens de nos campagnes ; où les tartes bressannes, les pognons, les brioches, les victuailles de toute sorte et les beuveries qui les suivent !

Un médecin allemand nous annonce que des voitures doivent nous prendre demain, à midi, pour nous conduire à Gravelotte. Nous restons sceptiques.

Prussification de la Lorraine. Voici les principaux articles d'une proclamation du général commandant les armées allemandes, imprimée à Sarrebruck chez Hofer, frères, et affichée près de l'Eglise :

« Seront condamnés à la peine capitale et exécutés immédiatement :

« Les habitants qui serviront d'espions à l'armée française ;

« Ceux qui détourneront l'armée prussienne ou qui chercheront à l'isoler ;

« Ceux qui détruiront les fils télégraphiques, les voies ferrées, les voies de communication. les canaux, fossés, ponts... ;

« Les conseils de guerre ne pourront prononcer d'autre peine que la peine de mort... ;

« Pour chaque soldat, on paiera 2 fr. par jour ou, en nature :

Pain.....	750 gr.
Viande...	500
Lard.....	250
Vin......	1/2 lit. ou bière 1 litre ou eau-de-vie 1/10 de litre.
Riz......	60 gr.
Tabac ...	60 gr. ou 6 cigares.

Puis suivent les rations pour chevaux.

Nous sommes de nouveau gardés à vue par des sentinelles qui ont ordre de tirer sur ceux qui sortent.

29 *Lundi*. — Surveillance de plus en plus étroite. On suppose qu'il se prépare une attaque sur Metz.

On joue aux cartes. Lecture de quelques livres trouves dans la maison : Exercices de style, Fables de Florian, Histoire de Napoléon. Comme cette dernière époque me paraît lointaine et cependant, j'ai connu des soldats revenus de Novi, de Wagram, d'Espagne, des ponts de la Bérézina et des affreux pontons de l'Angleterre. Et n'avions nous pas, à la Faculté de Médecine de Strasbourg, le professeur Fée (1) qui fut à Waterloo !

Il reste à Saint-Privat environ 3oo militaires français, dont 53 blessés à notre ambulance. Les vivres, le vin, l'eau, le linge, les médicaments font défaut. Grand découragement. Je remarque chez nos fumeurs, moi qui ne fume pas, que la privation du tabac est aussi impérieuse que celle du boire et du manger.

Visite d'un général prussien, accompagné d'un médecin. On parle de notre évacuation sur Dijon par Nancy ou sur la Belgique, par Cologne.

3o *Mardi.* — Les troupes ont quitté le village. Le médecin en chef de l'ambulance prussienne de St-Jean-de-Jérusalem nous apprend qu'on a renvoyé en France, par Cologne, 20 médecins français. Le manque de voitures aurait seul retardé notre départ. De nombreuses demandes, relatives à des français disparus, sont parvenues à Ste-Marie-aux-Chênes.

Promenade en dehors du village avec M. Verrier. L'incendie du 18 n'est pas entièrement éteint. On trouve encore dans les champs des obus intacts.

(1) Fée (Antoine-Laurent-Appolinaire), né en 1789 ; pharmacien sous-aide à l'armée d'Espagne (1809) ; retraité pharmacien-principal (1852) ; décédé à Paris en 1874. En dehors de ses publications scientifiques, on doit à Fée des ouvrages littéraires très appréciés : *Souvenirs de la Guerre d'Espagne ; Voyage autour de ma bibliotheque ; Les misères des animaux.*

Un aumônier qui s'était rendu à Briey pour avoir des vivres rentre avec quelques provisions. Le commandant prussien a autorisé l'achat de 40 litres de vin ; le marchand en a remis 76 à son prix d'achat.

L'aumônier dit avoir rencontré un vieillard qui voyait les Prussiens pour la quatrième fois.

Dans nos causeries du soir, on parle de l'échauffourée du prince Louis-Napoléon à Strasbourg et du rôle du chirurgien sous-aide Lombard qui plus tard, fut nommé consul. Il est aussi question d'un officier de l'état-major prussien ayant travaillé, comme simple terrassier, aux forts de Metz pendant les six mois qui ont précédé la guerre.

31 *Mercredi*. — Deux décès pendant la nuit.

L'ambulance de l'Eglise fait une évacuation à laquelle nous ajoutons 16 blessés de la nôtre.

De nombreuses troupes de toutes armes s'avancent dans la direction de Metz. Dans la rue, devant notre ambulance, passe un régiment de cuirassiers, sabre au fourreau. Les officiers sont corrects ; ils saluent militairement, les premiers. Peu d'entrain ; la lassitude apparaît sur tous les visages.

Vers 4 heures on entend le canon sous Metz. On reçoit de l'ambulance prussienne quelques secours en sucre, vin, biscuit. L'Internationale anglaise nous apporte des matelas, du vin, du pain, du tabac et de nombreux produits phéniqués pour désinfection. Elle nous laisse aussi quelques journaux, dont *The Sun*.

Nouvelle demande au général en chef prince Frédéric-Charles au sujet de notre mise en liberté.

Le bruit court, chez l'ennemi, de la reddition de Strasbourg.

SEPTEMBRE 1870

ɪ *Jeudi*. — En réponse à notre demande d'hier, le général Hamilton, au nom du prince Frédéric-Charles, nous avise que nous serons dirigés sur Luxembourg, après l'entière évacuation de nos blessés.

On entend le canon de Metz ; vive alerte chez nos ennemis ; Mac-Mahon se porterait sur Briey,

Les prussiens prennent possession de notre ambulance. Allure autoritaire du médecin en chef. Ses procédés violents à l'égard de nos infirmiers. Que doivent être les officiers dans les milieux combattants ?

La canonnade devient plus forte puis se ralentit vers midi. Angoisse patriotique.

Des troupes d'infanterie, d'artillerie et de cavalerie se portent, en hâte, sur Metz ; ce serait une nouvelle armée venant de Posen.

Au milieu de la nuit, nous sommes réveillés par des cavaliers qui enfoncent la porte de la grange où nous nous étions réfugiés après l'occupation, par les médecins allemands, des locaux de notre ambulance. Malgré d'énergiques protestations, nous sommes obligés de les subir.

2. *Vendredi*. — Au matin, on voit de tous les côtés, des troupes allant à Metz ou en revenant. L'officier du poste voisin nous fait part de notre prochain départ. Il nous annonce en même temps un revers de de Failly sous Paris ; Mac-Mahon serait également serré de près par deux armées.

Insolence d'un médecin prussien ; ses grossièretés envers MM. Papillon, Collin et Bouvard.

Ordre à tout le personnel des ambulances françaises de se tenir prêt à partir à 2 heures.

Visite de nouveaux médecins, dont deux alsaciens et un rémois. On parle de la reddition de Metz. D'après un commandant de la Landwehr, avocat à Berlin, tous ses compatriotes seraient convaincus que l'Empereur Napoléon a déclaré la guerre à l'Allemagne pour éviter une guerre civile et sauver sa dynastie. Ils croient que les régiments qui ont voté *non* au plébiscite ont été envoyés au premier rang.

Un peu avant deux heures, nous nous réunissons devant l'ambulance du château où se trouve un général prussien. Les officiers montent sur trois voitures réquisitionnées; les soldats suivent à pied. Et, ainsi s'éloignent tristement de St-Privat, les derniers débris du corps de Canrobert en présence d'un général ennemi et de son état-major.

A Amanvillers, nous sommes arrêtés par des tranchées qui nous obligent à revenir sur nos pas pour prendre un chemin d'où l'on aperçoit, à l'horizon, le massif du fort St-Quentin.

Arrêt forcé, pendant trois heures, pour laisser passer des troupes d'infanterie qui défilent à travers champs. Brutalité d'un sous-officier trapu, à barbe rouge, rappelant ces tortionnaires du moyen-âge popularisés par les enluminures de nos vieux imagiers. Il poussait des cris sauvages en frappant, sans pitié, avec un nerf de bœuf les pauvres diables qui perdaient l'alignement.

Nous tournons autour de Metz. La cathédrale se détache nettement. Nous passons près du camp retranché de Gravelotte où aboutissent des fils télégraphiques disposés sur le sol.

Des odeurs méphitiques s'échappent de vastes tombes
dénudées :

> Ces montagnes de morts privés d'honneurs suprêmes
> Que la Nature force à se venger eux-mêmes
> Et dont les troncs pourris exhalent dans les vents
> De quoi faire la guerre au reste des vivants (1).

Nous traversons des prés, des ravins où l'herbe a en-
tiérement disparu sous les pas des combattants des 16 et
18 août.

Enfin, on se rapproche d'un centre habité ; des ombres allongées se dessinent dans la nuit : ce sont les
hautes cheminées des forges d'Ars-sous-Moselle où nous
arrivons vers 11 heures.

Repas frugal à la salle d'asile. Nous sommes gardés
à vue. Le maire et le curé, autorisés à nous voir, nous
apprennent que deux tentatives de Bazaine pour sortir
dans la direction de Thionville n'ont pu aboutir.

Strasbourg résiste toujours. Epinal n'est pas occupé.
Les dépêches suivantes reçues de cette ville auraient été
publiées par le *Journal officiel* :

Bataille du 26 août. Bar-sur-Aube et Chaumont. Grande victoire ; 80.000 tués et 20.000 blessés.

A Châlons, 145 pièces de canons prises et 160.000 hommes hors de
combat. Avons perdu 60.000 h.

28 août, 6 heures du soir. Mac-Mahon. Victoire sanglante et décisive. Le prince héréditaire prisonnier. Bataille donnée à Mourmelon.

29 août, 5 heures du soir. Le ministre de l'intérieur annonce à la
Chambre ce qui suit, télégraphié par le Maréchal Bazaine : « l'ennemi
tombe dans nos plans. Bonne confiance. Avant quelques jours, l'invasion sera anéantie. »

Après tout ce que nous avons vu, depuis un mois, ces
nouvelles nous laissent très défiants.

---

(1) CORNEILLE. Pompée. *Acte I.*

Nous nous étendons à deux heures sur le parquet et sommes sur pied à 4 h. 1/2.

3 *Samedi*. — A 7 heures, distribution copieuse par les habitants de pain, café, vin, etc. Nos soldats manifestent leur reconnaissance. On est heureux de passer quelques instants dans un milieu si patriotique.

Nous apprenons que des ouvriers, contrairement au droit des gens, ont été contraints, de travailler à des tranchées ennemies. Une vaillante femme a pu pénétrer dans Metz et en revenir. La prise de deux forts annoncée par les Allemands est fausse; ils ont été repoussés sous le fort St-Quentin.

Les bonnes nouvelles reçues d'Epinal sont confirmées, mais nous n'osons y croire. Nous ne croyons pas d'avantage à l'ordre du jour de l'armée ennemie annonçant, ce matin, une défaite de Mac-Mahon qui aurait passé en Belgique avec une partie de ses troupes. Un médecin allemand partage nos doutes.

Un habitant me propose des vêtements civils pour me faire évader.

Départ à 8 h. 1/2. En passant, on relève des indications à la craie fixant le nombre d'hommes et de chevaux qui doivent être logés dans les maisons. En bordure d'un jardin, un soldat étranger s'entretient galamment avec une jeune servante.

Arrivée à Novéant à 7 h. Dîner. Affabilité extrême des habitants et en particulier du maire, du curé, de l'instituteur et du maître d'hôtel près de la gare. Ils nous parlent de leurs misères, des vexations prussiennes, et aussi des bonnes dépêches d'Epinal.

Un paysan de Gorze a été pendu; l'ancien maire a été

garrolé et emmené en Allemagne pour avoir refusé de donner des renseignements qu'il avait reçus de Metz.

Pour un fil télégraphique coupé, la commune doit payer 1000 fr. Si, après deux heures, le payement n'est pas effectué, deux maisons sont pillées et brûlées ; puis quatre, après trois heures.

Nous couchons dans une salle de la maison d'école où nous sommes gardés par des sentinelles. Doléances émues d'une bonne femme, en nous voyant traités comme des malfaiteurs.

4 *Dimanche.* — Les cloches annoncent tristement la messe paroissiale. Le notaire du pays. Il fut menacé de mort pendant qu'on pillait sa maison, occupée depuis par 15 hommes et 15 chevaux.

Les fausses nouvelles continuent à circuler dans l'armée allemande. L'Empereur Napoléon aurait été fait prisonnier à Sedan avec 80.000 hommes ; le maréchal Mac-Mahon, blessé, serait aux mains de l'ennemi avec les généraux Ladmirault, de Failly et Wimpfen.

Départ à 11 heures, sur des voitures de réquisition. Adieux émouvants des habitants. Les prussiens s'en formalisent. Un soldat prend à parti une femme qui donnait du vin à l'un des nôtres.

Passage sur le pont suspendu. Un pont de bateaux est à côté avec de gros canons destinés au siège de Metz.

L'ambulance prussienne. J'y laisse à l'adresse de ma famille une carte postale ne portant que les indications suivantes : « Je suis toujours entre les mains des ennemis. Santé excellente, plus fatigué au moral qu'au physique. J'ai quitté St-Privat le 2 ; je suis en route sur Sarrebrück pour gagner Trèves et, de là, la Belgique. Novéant, 4 septembre 1870. » (1).

Nous traversons Corny, Sillegny..... Sur tout le parcours, manifestation très affectueuse des habitants, comme nous, avides de nouvelles. Tout en nous plaignant, ils nous content leurs misères. Un sergent prussien de l'escorte se blesse en tombant. Nous perdons de vue la cathédrale de Metz.

Arrivée à Courcelles à 8 heures ; la population, à laquelle sont mêlés quelques anglais, nous fait un excellent accueil.

Départ à 10 heures dans des wagons à bestiaux où il n'y a presque pas de paille.

Un soldat de la Landwer qui nous accompagne, ferblantier de son métier, s'apitoie sur les horreurs de la guerre ; il nous parle du Vaterland, de « sa pauvre femme » laissée seule au pays avec un parent de 85 ans.

A minuit, arrêt à Faulquemont. Les habitants nous apportent du bouillon, du café, du pain, etc. Combien on est plus sensible à ces dons directs qu'à ceux qui nous viennent des Sociétés de secours. Je songe aux conseils de notre mère : « Faites le bien sans intermédiaire et discrètement ; celui qui reçoit et celui qui donne en ont plus de plaisir. »

C'est aussi du Corneille :

La façon de donner vaut mieux que ce qu'on donne.

On passe par les gares de Bening-Merblach et Forbach. Que de souvenirs ! Arrivée à Sarrebrück à 4 heures.

5 *Lundi.* — La gare porte les traces de notre action

(1) Arrivée à destination le 12 septembre.

du 2 août. Elle est remplie de blessés prussiens. Dans un lit, un officier parfaitement ganté.

Courte sortie au dehors avec M. Verrier; des drapeaux partout, même au sommet du clocher de l'Eglise. Nous mangeons une tartine de pain noir avec du beurre et prenons une tasse de café (3 sous). Nous achetons du pain et du saucisson pour le cours du voyage.

Au moment de prendre le train, à 8 heures, train plus confortable que celui que nous venons de quitter, une dépêche officielle affichée à la gare annonce que le « Kaiser Napoléon » a remis son épée au roi Guillaume. Nous remarquons qu'il n'est pas question de l'armée. Un allemand expulsé de Paris nous apprend que la République a été proclamée. Tout espoir n'est donc pas perdu.

La vallée de la Sarre. Sarrelouis : un souvenir au tonnelier Ney, père du prince de la Moskowa.

Mersig : plantureuses prairies, bien vertes, ou le bétail prend ses ébats sous un radieux soleil. La beauté du paysage fait oublier un instant les malheurs de la Patrie.

Saarbourg : calme idéal de la nature.

On descend à la gare de Trèves, pavoisée de drapeaux et d'oriflammes. Une dépêche annonce que 60.000 français ont déposé leurs armes. Ces tristes nouvelles nous sont confirmées par une française et des voyageurs allemands venant de Paris.

En route pour Luxembourg. A partir de Wasserbillig, on est saisi par le charme de la campagne et il semble que l'on respire plus à l'aise.

A la gare de Luxembourg, nous sommes accueillis à bras ouverts. De tous côtés on nous offre l'hospitalité.

Refus discrets. On monte à la ville, dont les remparts sont en partie démolis, et on gagne l'hôtel de Cologne. Visite du Consul français : il se met à notre disposition et offre des subsides en argent à ceux qui en désirent.

Le soir, à la brasserie, invitations sur invitations; un monsieur et une dame versent des larmes en me baisant la main et en disant : « pauvre France ». Cette compassion était manifestement inspirée par mon jeune âge et ma tenue loqueteuse sous mon manteau d'artilleur.

Je m'endors dans un bon lit, déshabillé pour la première fois depuis mon départ de Lyon.

6 *Mardi*. — Visite des principales rue de Luxembourg et des anciennes fortifications taillées dans le roc. Partout la tristesse, bien que ce soit la fête patronale. Partout aussi, la haine du prussien.

Lecture des journaux de Paris dans un grand café. Sympathies d'un monsieur dont le gendre est capitaine en Prusse. Invitation à dîner; refus poli, mais acceptation d'un verre de champagne.

La femme d'un avocat et ses deux filles : elle exprime ses regrets de n'avoir pas deux garçons pour les envoyer à la frontière française. M. Denon, de Nîmes, expulsé de Thionville nous fait part de ses mésaventures; il a été arrêté comme espion par un capitaine de mobiles qui voulait le faire fusiller. Rencontre d'un officier du 60e de ligne qui a réussi à s'échapper. Conversation avec un rédacteur de l'*Union*; discussion politique, les ressources de la France permettent l'espoir.

7 *Mercredi*. — Départ à 9 heures. En Belgique. Les troupes belges à la frontière. Nous traversons des

plaines et des plateaux montueux. On franchit la Meuse,
belle rivière, avant d'arriver à la gare de Namur où se
trouvent des soldats français sans armes et un amon-
cellement de bagages militaires. Je remarque une voiture portant en gros caractères les indications : « Général Wolff, 1er corps, 1re division ». Le général Wolff
promu brigadier peu de temps avant la guerre, est
mon compatriote (1).

On gagne une région assez accidentée ; des voyageurs
nous montrent en passant le « lion de Waterloo » que
l'on aperçoit au loin dans une plaine à gauche.

> Et cette plaine hélas ! où l'on rêve aujourd'hui
> Vit fuir ceux devant qui l'univers avait fui (2).

L'encombrement à la gare de Bruxelles. Très bon
accueil de tout le monde et en particulier d'un *vieux patriote belge*. Déjeuner dans une grande brasserie. Promenade en ville. Boulevard de Waterloo. Je remets à la
poste la lettre que le capitaine Martin m'avait confiée à
St-Privat le 19 août. Ambulances destinées aux soldats
français. Achat des pamphlets de A. Rogeard contenant
Les propos de Labienus qui furent saisis à Paris, en
1865, et eurent tant de retentissement au quartier latin.

Les communications directes avec Paris par Quévy et
Tergnier n'étant plus assurées, nous devons passer par

---

(1) Décédé à Pont-de-Vaux, en 1901 à l'âge de 78 ans ; membre du
Conseil supérieur de la Guerre, grand croix de la Légion d'honneur.
Le général Wolff (Charles) était né à St-Laurent et a passé plusieurs
années de son enfance à St-Julien-sur-Reyssouze où son père était
brigadier de gendarmerie. Il a publié, en 1893, pendant sa retraite,
une intéressante étude sur les Berbères et les Touaregs (*Recherches
sur les Aryas*. — Mâcon, imprimerie Romand. — Gr. in-8° de 192
pages).

(2) Hugo. Les Châtiments. *L'Expiation*.

Baisieux. Départ à 8 heures, dans un train très en-
combré.

8 *Jeudi*. — Arrivée à Lille vers minuit. Courte entrevue avec mon camarade Latruffe (1), sous-lieutenant au
30ᵉ régiment d'infanterie. Il revient de Sedan.

Promenade dans les principales rues de la ville avec le
Nimois. Départ à 6 h. 1/2, par train omnibus regorgeant
de voyageurs. La vue de quelques moulins à vent dans
la campagne me reporte à ma première enfance. Il y en
avait autrefois un tout semblable près de Jayat, à droite
de la route allant à Bourg.

Douai, Arras, Longuau. Arrêt avant d'arriver à Creil.
On a cru que la ligne était interceptée par des uhlans;
les fils télégraphiques seuls ont été coupés. Le train reprend sa marche, sans à coup, jusqu'à St-Denis où apparaissent les premiers travaux de défense.

Le calme de Paris. Descente dans un hôtel de la rue
St-Honoré, près du Palais Royal. A l'Etat-major de la
Place, pour régulariser notre situation militaire.

9 *Vendredi*. — Lettre à ma famille : « Je commence
à sortir de l'affreux cauchemar où j'étais depuis le commencement de la guerre. Après 18 jours de captivité, j'ai
quitté les ruines de St-Privat pour gagner Paris où je
viens de me mettre à la disposition du Gouvernement provisoire. On s'apprête à la lutte qui sera longue car l'ennemi
est fort. Notre bravoure s'est brisée à sa discipline de fer.

---

(1) Né à Lyon le 25 février 1847, Camille Latruffe a quitté le lycée
de Bourg pour entrer à l'Ecole de St-Cyr en 1866; capitaine en 1875 ;
adjoint de 2ᵉ classe à l'intendance en 1877 ; décédé en activité de service, à Lille où il était intendant militaire du 1ᵉʳ corps d'armée.

Le soldat prussien est une machine dans les mains de ses officiers. 50.000 hommes tombent, 50.000 les remplacent. Ce sont des barbares disciplinés. Ce n'est plus la guerre à l'Empire qui se poursuit ; c'est la guerre à la France, la guerre à la race latine, au catholicisme. On espère que Paris sera leur tombeau... (1) »

Sur les Tuileries flotte le drapeau des ambulances. Arrivée en masse des mobiles d'Ill-et-Vilaine. Visite à la statue de Strasbourg, place de la Concorde ; elle disparaît sous les couronnes. Grand désarroi à l'intendance de la 1ʳᵉ division. Le soir, arrestation mouvementée de deux allemands dans une boulangerie de la rue Saint-Honoré.

10 *Samedi.* — Du café d'Orsay, où l'on s'est donné rendez-vous avec d'autres rapatriés, nous allons à l'intendance ; aucune décision n'a encore été prise à notre égard. Rencontre de gardes nationaux chantant la Marseillaise.

11 *Dimanche.* — Dans les rues, grande affluence de mobiles non équipés et de gardes-forestiers portant leur hâchette. Un ordre de service m'attachant au Val-de-Grâce m'est remis dans la soirée.

12 *Lundi.* — Très bon accueil, au Val-de-Grâce, du professeur agrégé Fleury, ancien répétiteur à l'Ecole de Strasbourg, des pharmaciens-majors Verrier, Privat, Judicis et de l'aide-major Bouillon. Le pharmacien en chef M. Coulier (2), notre ancien professeur, attaché au

---

(1) Cette longue lettre arrivée à destination le 10 septembre rappelle les principaux faits dont j'ai été témoin depuis le 16 août.

(2) Décédé en 1890, à 66 ans ; pharmacien-inspecteur, membre du Conseil de santé, commandeur de la Légion d'honneur.

Fleury, Judicis et Bouillon ont été retraités pharmaciens principaux

corps d'armée de Mac-Mahon n'a pas reparu depuis Sedan.

Je reçois de l'intendance un mandat de 600 francs pour pertes d'effets et 15 fr. 77 pour rappel d'indemnité de route de Baisieux à Paris.

Je quitte l'hôtel de la rue St-Honoré pour un hôtel de la rue Gay-Lussac, à proximité du Val-de-Grâce.

13 *Mardi*. — Un ordre apporté au Val-de-Grâce. dans la matinée, m'affecte à l'ambulance de l'Asile National de Vincennes pour y servir sous l'autorité de M. le pharmacien-major Privat.

Arrivée des mobiles de la Vendée. Je serre la main, en passant, à deux amis, deux anciens étudiants du quartier latin : Brémond (lieutenant) et Dessoliez (aide-major). Ils se rendent à Vincennes.

Le bruit court que le général Ducrot échappé de Sedan serait à Paris.

14 *Mercredi*. — Départ pour l'Asile de Vincennes, avec M. Privat. L'Asile, créé en 1855, pour recevoir les ouvriers convalescents sortant des hôpitaux de Paris, est situé dans la partie du bois comprise entre St-Maurice et Charenton. Il est au milieu d'un vaste parc clôturé, parfaitement entretenu. Le bâtiment principal portant pavillon central est flanqué de deux ailes moins élevées mais très étendues, avec quelques ouvertures faisant office de promenoir. Des aigles qui ornaient l'établisse-

---

de 1ʳᵉ classe. Fleury, qui était docteur ès-sciences et correspondant de l'Académie de médecine, est mort à 77 ans après avoir professé la chimie de 1889 à 1901 à l'École de médecine et de pharmacie de Nantes.

ment ont été récemment abattues. Visite au directeur M. Reboul, ancien préfet et à M. Dumesnil, médecin en chef. Nous sommes parfaitement accueillis des médecins et de l'économe M. le capitaine en retraite Badez, qui préside le mess. Le personnel médical ne comprend que des médecins civils militarisés pour la durée de la guerre.

MM. Dumesnil, Desportes et Bergeron ont rang de major. Les aides-majors sont : Barbelet, Cauchy, Delaporte, Denis, Ducoudray, Escudier, Fabre, Ficheux, Gaspais, Lambotin, Lecoin, Leroy, Morelot, Morisson, Robbe, Sordes et Théveny. Tous ne sont pas diplômés ; Fabre, Lambotin et Leroy étaient internes de l'établissement au moment de la déclaration de guerre.

MM. Badez et Privat sont seuls chevaliers de la Légion d'honneur ; le directeur est officier.

J'occupe avec Ficheux une petite chambre à deux lits ; lits en fer, gaz, chauffage central, pas de cheminée.

15 *Jeudi*. — Réorganisation du service de la pharmacie, tenu jusqu'à ce jour par des sœurs. Emploi d'infirmiers militaires suivant les traditions en usage dans les hôpitaux de l'armée. Demande de matériel et de médicaments.

A 3 heures, avec M. Privat, nous nous rendons, à travers bois, à l'hôpital militaire de Vincennes où nous trouvons M. le pharmacien-major Lapertot. L'hôpital récemment construit pour 600 lits, a très bel aspect et diffère entièrement de nos vieux hôpitaux. Il occupe une partie du bois reliant St-Mandé à Vincennes.

En rentrant on rencontre beaucoup d'habitants de la banlieue, pris de panique, qui se réfugient à Paris. C'est l'exode renouvelé des environs de Metz après la bataille de Forbach : des troupeaux se dirigent vers la barrière du Trône, mêlés à de grosses voitures de fourrages, et, ce que je n'avais pas vu là-bas, des charrettes traînées par des hommes ou des femmes et surchargées de pauvres meubles, d'ustensiles de cuisine, de matelas et parfois même de petits enfants.

M. Privat qui a servi pendant longtemps en Algérie où il était encore au moment de la déclaration de guerre, accoste deux turcos en leur adressant en arabe quelques gaillardes paroles. Ils répondent par un franc rire, laissant voir des dents superbes. Un officier d'artillerie venant du Polygone où il a assisté à des essais de mitrailleuses à vapeur ne paraît nullement satisfait de ce qu'il a vu.

Trois uhlans capturés de l'autre côté de la Marne sont conduits à Vincennes.

Le soir après dîner, on se rend au dôme du pavillon central de l'Asile d'où la vue s'étend au loin. Des appareils électriques, placés sur les tours St-Sulpice, lancent de puissants jets de lumière dans différentes directions et notamment sur les remparts. A l'horizon, lueurs provenant de bois incendiés pour assurer la défense de Paris.

16 *Vendredi*. — A la salle de billard et à la salle de garde, très bien tenues par le père Rouillon, surveillant général. A 4 heures promenade avec M. Privat, dans le camp occupé par les troupes du général Vinoy. Prise de 5 uhlans du côté de Créteil où un soldat a été blessé et un paysan tué.

La panique en ces derniers jours a été telle que l'on a détruit jusqu'aux ponts suspendus des lacs de Saint-Mandé, à deux pas des fortifications.

Causeries le soir après dîner. Les travers de quelques grands médecins : Jobert de Lamballe et les professeurs Pajot et Ricord.

17 *Samedi*. — Un uhlan blessé au poignet est amené à l'asile où il excite la curiosité des soldats.

Des troupes se portent en avant du côté de Créteil et rentrent vers 5 heures, après avoir refoulé l'ennemi dans les bois. Un officier et un sergent-major ont été blessés.

Le soir, les rayons électriques se promènent sur Paris.

18 *Dimanche*. — Une heure à la bibliothèque de l'établissement qui dispose d'environ 4.000 volumes.

Le général d'Exea vient décorer de la médaille militaire un sergent blessé en assurant la retraite de deux mitrailleuses entre Bonneuil et Montmesly. Promenade à l'embouchure de la Marne où sont réunies plusieurs canonnières Farcy.

Dans la plaine en avant de la Marne, on aperçoit au loin l'incendie de plusieurs fermes.

M. Desportes m'entretient familièrement de son frère, officier de cuirassiers ; malgré d'actives démarches, il n'a reçu aucune nouvelle depuis la fameuse charge de Frœschviller.

19 *Lundi*. — En allant rendre visite à M. Papillon récemment nommé à l'hôpital militaire de Vincennes, je rencontre un sous-officier du génie porteur d'un manteau d'officier de uhlan.

Dans la soirée, mauvaises nouvelles de Clamart et de Chatillon ; les mobiles et les zouaves ont abandonné les positions qu'ils occupaient pour rentrer précipitamment à Paris.

Canonnade toute la nuit au fort de Nogent.

20 *Mardi.* — On entend une vive fusillade le matin. Les généraux Ducrot et Trochu visitent les cantonnements de Vincennes.

Depuis hier, toutes les communications sont coupées entre Paris et la province.

A 3 heures, promenade avec M. Privat le long des avant-postes. Il y a des tranchées vers le pont de Charenton.

A Joinville, on a fait sauter les deux arches centrales du pont. On aperçoit des prussiens, de l'autre côté de la Marne, dans un bois à gauche de la route, et derrière le Viaduc du chemin de fer.

Le 5e régiment de marche travaille aux tranchées.

Retour par le Polygone. Des hommes et des femmes sont arrêtés comme espions.

Après le repas du soir, M. Georges Bergeron, agrégé de la Faculté de médecine, qui s'occupe de questions toxicologiques me parle avec éloge des travaux, qu'il possède bien, du pharmacien-major Zaccharie Roussin (1), l'actif collaborateur du professeur Ambroise Tardieu (2) dans plusieurs affaires célèbres (Couty de La Pommerais, Troppmann...)

21 *Mercredi.* — A la Bibliothèque. J'ai parcouru le *Dictionnaire de médecine* de Dezeimeris en prenant des extraits de quelques biographies consacrées à d'anciens

---

(1) Décédé à Paris, en 1894, à 67 ans; s'est illustré par la découverte des *colorants azoïques* dont l'Allemagne a su tirer depuis un si grand parti.

(2) Professeur de médecine légale, membre de l'Académie de médecine; décédé en 1879, à 61 ans.

pharmaciens militaires : Alyon (1), Bayen, Cadet de
Gassicourt, Cadet de Vaux, Chaumeton.

Le bruit court que le clocher de Créteil sert d'observatoire aux allemands.

22 *Jeudi.* — Après déjeûner, excursion à Paris par
le bateau de Charenton.

Les travaux de défense dans les secteurs. Les remparts
sont compris dans neuf secteurs confiés à des généraux
ou des amiraux. Notre secteur est commandé par le général Faron.

Mes collègues Bonnard et Barillé m'apprennent que
M. Verrier est aux Tuileries dans une ambulance amé-
nagée pour 250 officiers.

Un bataillon de la garde nationale portant des couronnes se rend en armes à la statue de Strasbourg.

Dans la soirée M. Dumesnil, ami personnel de Jules
Ferry, nous fait part des résultats négatifs de l'entrevue
de Jules Favre avec Bismarck.

23 *Vendredi.* — Toute la matinée, canonnade au fort
de Bicêtre. Vers 11 h. 1/2 on entend une très forte
détonation. Visite aux turcos et chasseurs d'Afrique

---

(1) Alyon, né en 1758, décédé en 1817, a publié divers ouvrages de
botanique et de chimie.

Bayen (1725-1798) membre de l'Académie des sciences et du Conseil de santé des armées ; l'un des maîtres de la chimie moderne avec
Schèele, Lavoisier, Berthollet, Cavendish.

Cadet de Gassicourt (1731-1799) pharmacien à l'Hôtel des Invalides,
membre de l'Académie des sciences.

Cadet de Vaux (1743-1828) frère du précédent, membre de l'Académie de médecine.

Chaumeton (1775-1819) a laissé une flore médicale en 6 volumes
qui a eu quatre éditions.

campés à proximité de l'Asile. Conversation avec le capitaine Domas venant d'Orléansville et un autre capitaine Strasbourgeois. Les journaux donnent des détails sur l'entrevue de Jules Favre avec Bismarck. Le soir, jets de projecteurs électriques partant des remparts et fouillant tous les quartiers de Paris.

La journée aurait été bonne pour nous au Moulin Saquet, à Villejuif et aux Hautes Bruyères. L'ennemi a été repoussé en laissant des canons et des prisonniers.

Les approvisionnements étant de plus en plus difficiles, M. Badez nous annonce que nos réserves de vivres vont être attaquées.

24. *Samedi.* — Visite aux officiers de chasseurs d'Afrique. Ils sont installés dans des gourbis, bien aménagés par leurs hommes. Excellent rhum de la Jamaïque.

Sur la lisière du bois dominant la Marne, on travaille activement à des fortifications passagères.

Canonnade aux forts de Charenton et d'Ivry.

Départ d'un ballon monté emportant lettres, dépêches et pigeons voyageurs (1).

25 *Dimanche.* — Visite à M. Verrier au Palais des Tuileries. Au guichet des Saints-Pères, vis-à-vis le pont, le haut relief de Barye, représentant « Napoléon III à cheval », a été entièrement recouvert de plâtre (2).

> Que de gens aujourd'hui chantant la Liberté,
> Comme ils chantaient les rois ou l'homme de Brumaire !
> Que de gens vont se pendre au levier populaire,
> Pour relever le Dieu qu'ils avaient soufflé ! (3)

---

(1) Une lettre à ma famille, datée du 28, portant le timbre de la poste de Bercy du 24 est arrivée à destination le 2 octobre.

(2) Remplacé depuis par le *Génie des Arts* de Mercié.

(3) MUSSET. *La coupe et les lèvres.*

Des ouvriers se portent en masse à la statue de Strasbourg.

En rentrant à Charenton, on nous montre un pont de bateaux, en amont de la Seine, destiné à retenir les torpilles et autres engins de guerre de l'ennemi.

Un gamin a été blessé pour s'être trop approché des lignes allemandes.

Dans un article du *Combat*, Jules Favre est très violemment pris à parti par Félix Pyat.

26 *Lundi*. — De 2 heures à 5 heures, aux avant-postes avec MM. Reboul et Privat.

A la redoute de Gravelle, un officier nous passe sa lunette pour voir des soldats allemands dans un pré, à gauche de l'église de Créteil.

A la Vitriolerie, on tire le canon sur des tranchées ennemies, à 4 kilomètres.

Au pont de Joinville, coups de feu sur des prussiens qui traversent la route à quatre pattes.

A Nogent, on abat des arbres pour établir une redoute.

En rentrant par le bois, des mobiles du Loiret chassent, à coups de bâtons, des lièvres et des lapins.

Bivouac de cavalerie : il y a des cuirassiers, des chasseurs à cheval, des lanciers, des carabiniers et des cent-gardes.

Les feuilles des bois avec leur teinte automnale portent à la mélancolie.

Après dîner, causeries sur l'ancien entourage de l'Empereur : Morny, Piétri, Haussmann plus politique que Rouher... ; sur nos généraux : Lallemand, Durieu, Lamotterouge,... ; sur Gambetta, du Cavour en lui (Bergeron).

27 *Mardi*. — Au fort de Nogent, on voit nettement, à l'aide d'une jumelle, des soldats allemands qui procèdent à l'installation d'une grosse pièce d'artillerie. Un marin pointe à 4 km. 500 ; la pièce est démontée.

Un capitaine du 29e de ligne nous parle de l'entrain des jeunes soldats.

De la redoute de Gravelle, on aperçoit au loin une de nos sentinelles qui tire sur deux uhlans ; l'un est tombé de cheval.

Tourbillon de poussière, à droite de Créteil ; canonnade du fort d'Ivry dans cette direction. Lueur rougeâtre et épaisse fumée du côté de La Villette.

Les journaux donnent des nouvelles des armées en formation derrière la Loire.

Un jeune mobile breton, atteint de fièvre typhoïde dans le service de Morelot s'est échappé dans le parc où on le retrouve vers 8 heures 1/2.

28 *Mercredi*. — Les lueurs d'hier provenaient de l'incendie d'un magasin de pétrole. Le matin, pendant le service, visite de M. Gillet, pharmacien en chef de la maison de santé de Charenton, ancien pharmacien principal de l'armée (1).

Promenade dans Paris, après déjeûner. A la statue de Strasbourg : toujours des fleurs nouvelles.

Des batteries neuves traversent la place de la Concorde pour remonter les Champs Elysées.

Aux Halles, au Palais Royal. Retour par le faubourg St-Antoine et La Rapée-Bercy.

29 *Jeudi*. — A 8 heures, canonnade au fort de Cha-

(1) Né à Saintes en 1809 ; décédé à St-Maurice en 1877.

renton puis vive fusillade dans la direction de Créteil.
A 8 heures 1/2 des troupes du plateau de Vincennes
comprenant les mobiles du Loiret, le 8e régiment de
marche, le 29e de ligne et de la cavalerie (spahis, lanciers, carabiniers, etc.) se dirigent vers le pont de Charenton.

Après déjeûner, à Montreuil-sous-Bois. Des soldats
détournent les ruisseaux du bois de Vincennes et les
mettent à sec pour s'emparer du poisson.

3o *Vendredi.* — Réveil à 4 heures au son du canon.
Fusillade du coté de Villejuif puis vive canonnade à la
Vitriolerie et aux forts d'Ivry et de Charenton. Le cré-
pitement des mitrailleuses. Les troupes rentrent vers
9 heures 1/2.

Des capitaines du 29e nous apprennent que l'on s'est
avancé jusqu'à Choisy-le-Roi et Thiais. Au début, les
prussiens ont été surpris par le 35e et le 47e les deux
meilleurs régiments de Paris (venant du corps d'occupation de Rome), mais ils ont repris l'offensive sur les
jeunes troupes qui n'ont pu tenir devant la mitraille.
La retraite a été ordonnée par le général Vinoy.

Les mobiles de la Somme sont campés près de la
redoute de Gravelle; l'un d'eux, pour remplacer le fils
d'un sous-préfet, aurait reçu 10.000 fr.

OCTOBRE 1870

1er *Samedi.* — Promenade sur la route au bas de
Gravelle. Le 5e régiment de marche.

Blanqui, dans la *Patrie en danger,* Félix Pyat et
Gromier, dans le *Combat* attaquent très violemment le
gouvernement.

2 *Dimanche.* — A la barrière de Charenton. La rue de Charenton, l'hôpital Sainte-Eugénie, l'hospice des Quinze-Vingts. Un garde national a reconnu parmi les prisonniers blessés un allemand qui était installé à Paris avant la guerre ; il a su par lui que l'ennemi avait été prévenu de notre attaque sur Choisy.

Rencontre au quartier Latin des collègues Verrier et Barillé. On dépave la place du Panthéon.

3 *Lundi.* — Grande tristesse provoquée par la reddition de Strasbourg, annoncée officiellement.

Entrée à l'ambulance d'un tambour blessé à la main par la maladresse d'un camarade.

Je me reporte le soir aux bonnes années passées à Strasbourg ; à mon arrivée dans ce milieu si nouveau pour moi ; à mon émotion en passant devant la Cathédrale ; au premier contact avec les camarades, médecins et pharmaciens, venus de toutes les régions de France ; à ceux avec lesquels l'intimité fut plus grande : Camus de la Vendée, Garnier et Letellier de Paris, Signoud de la Savoie, Vidal de Montpellier, Vidau de Moulins ; à nos professeurs alsaciens si imprégnés de la science française et allemande, si dévoués à nos études : Oppermann (1), Oberlin (2), Kirschleger (3), Jacquemin (4), Schlagdenhauffen... ; à ceux qui nous donnèrent

---

(1) Oppermann (1805-1872), Directeur de l'Ecole de pharmacie de Strasbourg de 1852 à 1871.

(2) Oberlin (1810-1884), Directeur de l'Ecole de pharmacie de Nancy.

(3) Kirschleger (1804-1869), Professeur à l'Ecole de pharmacie, à la Faculté de Médecine et à la Faculté des Sciences de Strasbourg.

(4) Jacquemin (1828-1909), Associé national de l'Académie de médecine ; Directeur de l'Ecole de pharmacie de Nancy où il fut remplacé par Schlagdenhauffen.

de la gloire : la statue de Kléber au centre de la ville,
le monument Desaix sur la route de Kehl, le tombeau
du maréchal de Saxe au temple St-Thomas...; à la bonne
visite que me fit mon cher Julien Peloux (1) pendant
qu'il était à l'Ecole forestière de Nancy.

4 *Mardi*. — Arrivée de nouveaux infirmiers. Réorganisation du service.

Le resserrement du rationnement se fait sentir ; des
économies sont apportées dans nos repas.

5 *Mercredi*. — Au fort de Vincennes : visite au cercle des officiers. Le fossé où fut exécuté le duc d'Enghien.

Dans le bois, on travaille à un télégraphe souterrain.

6 *Jeudi*. — Le soir, à table, on parle de la manifestation Flourens, à l'Hôtel de Ville. « Flourens, pauvre fou
déclassé ayant horreur du sang et toujours porteur
d'armes dont il ne se servira jamais (Bergeron). »

Trochu aurait dit à l'un de ses amis qu'il avait grande
confiance dans les mobiles.

7 *Vendredi*. — Promenade à la maison de santé de
Charenton et à l'Ecole vétérinaire occupée par la troupe.
Entretien avec le capitaine Lavigne.

Un ballon est parti de Montmartre emportant, dit-on,
Gambetta et Spüller.

8 *Samedi*. — Au cercle militaire de Vincennes. Le
capitaine Perrier (2). De Nogent et de Gravelle les canons

(1) Conservateur des eaux et forêts en retraite à St-Jean-le-Vieux ;
frère du général Georges Peloux, commandant d'armée, récemment
décédé à Simandre-sur-Suran.

(2) Cité à l'ordre de l'armée, le 18 décembre 1870, pour sa « conduite héroïque à l'attaque d'Epinay ».

tirent sur Créteil pour arrêter des prussiens qui s'avancent.

Un de nos camarades rentrant de Paris nous dit, à à diner, qu'il y a eu vers 4 heures une grande manifestation à l'Hôtel de Ville. Les insurgés, conduits par Blanqui aux cris de « Vive la Commune », furent cernés par des bataillons de la garde nationale arrivés au pas de course et criant : « Vive la République, à bas la Commune. » Jules Favre, au milieu de la place, a donné l'accolade à un officier de la garde nationale, en présence des généraux Trochu et Tamisier. Blanqui et Pyat auraient été arrêtés.

9 *Dimanche.* — Pluie. Le canon au fort d'Ivry. M. Privat arrive au service la figure décomposée; ses dents claquent fortement. « Ce ne sera rien, dit-il, en voyant mon émoi; c'est un simple accès de fièvre d'Afrique ». Il prend une dose de quinine et s'en va.

Lettre de Jules Favre au général Tamisier, commandant la garde nationale pour le remercier du concours apporté hier au gouvernement.

Aux causeries du soir, Miot et Gromier (1) le colla-

(1) Gromier (Marc-Amédée), né à Bourg en 1841, termina à Ste-Barbe d'excellentes études commencées au Lycée. Il se destinait à l'enseignement lorsque ses relations avec Pyat l'entraînèrent vers la politique (1865). Il était avec Garibaldi dans la campagne du Tyrol où il fut blessé. A sa rentrée en France, il prit part aux manifestations qui marquèrent la fin de l'Empire et fut condamné par la Haute-Cour de Blois. Nommé, après le 4 septembre, commandant de la garde nationale, il fut mêlé à l'affaire du 31 octobre et plus tard, à la Commune.

Gromier a subi, peut-être à son insu, des influences héréditaires. Son grand-père maternel Feuillet qui a exercé pendant longtemps la médecine à St-Julien-sur-Reyssouze a été, dans la région, à la tête du mouvement révolutionnaire de 1793.

borateur de Pyat, sont durement traités. Blanqui se croit toujours en 1848.

10 *Lundi.* — A Vincennes : rencontre du capitaine Lavigne de retour de Champiguy. Le capitaine Domas a été blessé à la joue.

Le commandat Sapia, de la garde nationale est déféré à la Cour martiale.

Bergeron qui accompagne souvent les francs-tireurs de la Seine dans leurs expéditions nocturnes, raconte comment, la nuit dernière, une sentinelle ennemie a été surprise en avant de Villeneuve-St-Georges.

11 *Mardi.* — Au ministère des finances. A la statue de Strasbourg : les couronnes s'amoncellent. Les grands boulevards conservent leur animation.

12 *Mercredi.* — Le Mont-Valérien se fait entendre. Les mobiles de la Vendée sont au moulin Saquet.

Au fort de Charenton : extrême habileté des pointeurs marins. Le fort d'Ivry ayant signalé par télégraphe la présence d'ennemis dans la direction de Choisy, quelques obus les dispersent. Quelques instants après, nouveaux signaux d'Ivry relatifs à un détachement de cavalerie qui subit le même sort.

En rentrant, de nombreuses batteries d'artillerie se rassemblent à Charenton ; on prévoit pour demain une attaque sur Choisy.

13 *Jeudi.* — Dans la matinée, les batteries du fort de Montrouge sont en pleine activité. Les prussiens ripostent des hauteurs de Clamart.

Les batteries de Villejuif, Ivry et Bicêtre tirent dans

la direction de Bagneux et de Châtillon. L'action se ralentit vers 2 heures 1/2 puis reprend. La redoute de Gravelle et les forts d'Ivry et de Charenton canonnent Choisy où des maisons occupées par les Allemands sont détruites.

Une nouvelle redoute a été élevée en deux jours à droite de Gravelle. Rencontre des collègues Judicis et Babeau (1) et du médecin aide-major Evrard se rendant dans les baraquements de St-Maur. Les mobiles du Puy-de-Dôme.

M. Dumesnil nous apporte le soir de bonnes nouvelles adressées de Bagneux au gouvernement militaire de Paris. Avant de se coucher on aperçoit des lueurs d'incendie dans la direction de Montrouge.

14 *Vendredi.* — Les journaux s'étendent sur les évènements militaires d'hier. Bagneux a été enlevé par les mobiles de la Côte-d'Or et le 1er bataillon de l'Aube dont le commandant Dampierre a été tué. Le palais de St-Cloud aurait été incendié par les allemands et les obus du Mont Valérien.

Visite du général Trochu à la redoute de Gravelle ; il est escorté par deux officiers et quatre gendarmes.

Deux ballons montés sont partis l'un à 10 heures et l'autre à 2 heures (2). On a su, le soir, que le premier avait emporté Kératry et le second Ranc.

15 *Samedi.* — Au gouvernement militaire de Paris. Demande d'un laissez-passer exigé par les gardes natio-

(1) Babeau (Paul-Emile), est décédé à Marseille en 1907 à 73 ans ; ancien pharmacien en chef du corps expéditionnaire de Tunisie (1881).

(2) Une lettre à ma famille portant le timbre de la poste de Bercy du 13 octobre est arrivée à destination le 16.

naux de service aux portes de Paris. C'est un carton personnel signé du Comte Serurier, vice président de la société de secours aux blessés militaires, délégué près les ministères de la guerre et de la marine et portant le timbre : « Le gouverneur de Paris ».

Au quai d'Orsay, au champ de Mars, au pont d'Iéna, à Auteuil. Triste état du bois de Boulogne à proximité des fortifications où les arbres ont été abattus pour la défense. Une boucherie de cheval pour la troupe. Le rond point de Boulogne. Le pont de St-Cloud; les deux arches de la rive gauche ont été détruites par le génie au début du siège. Il y a des barricades sur la rive droite.

Des flocons de fumée s'échappent par moment du palais de St-Cloud où le feu de l'incendie couve toujours. On aperçoit quelques habitants mais pas de prussiens.

La stature imposante du Mont Valérien se dessine nettement à l'horizon.

Retour par Passy et l'arc de Triomphe. La vue de ce monument et, au loin, le dôme des Invalides sont des réconforts au milieu des épreuves que nous traversons.

Un jeune pointeur de 19 ans, entre le soir à l'ambulance.

16 *Dimanche*. — A Montreuil-sous-Bois. Les mobiles de la Côte-d'Or à la Capsulerie. Les mobiles du Tarn au camp. Essai d'un nouveau canon et d'une nouvelle mitrailleuse au Polygone.

Portalis dans son journal *La Vérité* prétend que le Gouvernement vient de recevoir d'importantes nouvelles de la province ; il en demande la publication immédiate.

17 *Lundi*. — A déjeûner, réclamations à M. Badez au sujet de la fréquence de la viande de cheval et notamment du cheval bouilli.

Après midi, à Joinville-le-Pont. Retour par le bois où les troupes font des gabions.

On nous informe le soir qu'une souscription publique est ouverte pour la fonte de canons.

18 *Mardi*. — A la Bibliothèque. — Les guerres du Second Empire : Crimée, Italie, Chine, Mexique.

De la guerre de Crimée je me rappelle les seules nouvelles apportées par le *Courrier de l'Ain*, trop souvent démenties d'une semaine à l'autre ; les échos de l'Alma, de Balaklava, d'Inkermann, du Mamelon Vert, de la Tour Malakoff ; le *Te Deum* à la vieille église, glorifiant la prise de Sébastopol. De la guerre d'Italie, les bulletins pompeux cloués aux arbres de la cour du Lycée ; les *Te Deums* chantés à la chapelle par les élèves de l'Ecole normale qui assistaient à la messe et aux vêpres du dimanche ; puis, pendant les vacances, le retour de l'artillerie défilant par étape sur la route de Bourg à Chalon. De la guerre de Chine, l'un de nos meilleurs surveillants de l'Ecole de Strasbourg, M. Berquier (1) et le pharmacien en chef de l'expédition (2). Du Mexique, une lettre de mon ami Camus, de l'hôpital de Mascara. donnant quelques détails sur le drame de Queretaro, mis en vers par son chef M. Truquet, pharmacien-major du corps expéditionnaire.

Le soir, de 10 à 11 heures, nous assistons, de la ter-

---

(1) BERQUIER (François-Auguste), né à Calais en 1832, décédé en 1896, à Provins, où il s'était retiré après avoir quitté l'armée, en 1868, par suite de maladies contractées en Chine.

(2) LAPEYRE (François-Claude), né en 1811, pharmacien en chef de l'hôpital militaire de Strasbourg (1862-1866), décédé à l'hôpital d'Amélie-les-Bains, en janvier 1870, des suites de maladie contractée au service.

rasse de l'Asile, à une très forte canonnade dans les directions de Montrouge et de Villejuif.

19. *Mercredi.* — A la bibliothèque : Histoire de Jules César. Les citations suivantes montrent les tendances de l'ouvrage impérial qui, à son apparition, fut vivement attaqué par les journaux de l'opposition et notamment *La Rive Gauche,* dans les propos de Labienus :

> Lorsqu'au milieu de la prospérité générale, surgissent des utopies dangereuses, sans racines dans le pays, le plus simple emploi de la force les fait disparaître ; mais, au contraire, lorsqu'une société profondément travaillée par des besoins réels et impérieux, exige des réformes, le succès de la répression la plus violente n'est que momentané : les idées comprimées reparaissent sans cesse, et, comme l'hydre de la fable, pour une tête abattue, cent autres renaissent.

> Il faut aux grandes causes une figure historique qui personnifie leurs intérêts et leurs tendances. L'homme une fois adopté, on oublie ses défauts, ses crimes mêmes, pour ne se souvenir que des ses grandes actions.

Les journaux du jour commentent la présence du général Bourbaki auprès du gouvernement de Tours.

Vers 10 heures du soir, étant à la salle de garde avec Lecoin, Morisson et Fabre, on entend de formidables décharges d'artillerie. De la terrasse, nous jugeons que l'action se passe dans la même direction qu'hier et plutôt vers le moulin Saquet où sont établies nos tranchées en vue de Choisy. Le fort de Bicêtre intervient pendant quelques instants puis l'action se ralentit et cesse vers minuit.

20 *Jeudi.* — Autour de Paris, avec M. Privat, par le chemin de fer de ceinture. Il y a des travaux de défense sur plusieurs points de la ligne, aux endroits les plus découverts. De gros canons sont transportés dans la direction de Saint-Cloud. D'après un officier de ma-

rine, les Allemands, dans leur attaque d'hier, espéraient s'emparer, par surprise du fort de Bicêtre.

Le moulin Saquet et la région vers Arcueil-Cachan sont occupés par les mobiles de l'Ain, de la Côte-d'Or et de la Drôme.

Le soir, à dîner, M. Delthil, ancien interne de l'Asile, actuellement aide-major aux cuirassiers de la Seine, parle de curieuses trouvailles faites dans les souterrains du couvent qu'ils occupent.

Après dîner, on se réunit au petit café à la porte de l'Asile, afin d'arrêter la souscription pour l'achat d'un canon. Grâce à l'entrain de M. Privat, qui a fait accepter une sorte de mise aux enchères, la somme recueillie atteint 600 francs. Un punch est servi après cet heureux résultat, puis des chants patriotiques et autres se font entendre.

On décide qu'un procès-verbal de la soirée, portant les noms des souscripteurs sera déposé dans les archives de la Salle de Garde et l'on promet de se réunir chaque année pour l'anniversaire de la levée du Siège de Paris.

21 *Vendredi*. — Le passage du pont de Charenton est interdit. Un lieutenant de dragons qui s'était avancé imprudemment vers Maisons-Alfort a été tué sur le coup.

D'après les bruits qui circulent parmi les officiers, on ferait demain une diversion pour favoriser une attaque du général Ducrot sur Rueil. En effet, des troupes et des canons arrivent à Charenton ; la place de l'Eglise en est remplie.

Le corps du lieutenant tué le matin est transporté à l'ambulance.

22 *Samedi*. — Une note de service de la 1re sous-

intendance de Vincennes prescrit au pharmacien en chef de lui adresser à l'avenir, le 25 de chaque mois, pour le paiement de la solde, l'état de tous les officiers présents ou non qui ont été attachés à l'ambulance dans le courant du mois, avec l'indication des mutations subies par chacun d'eux.

A Paris, à la recherche de nouvelles. Un ballon stationne au loin. Rencontre de Jaricot, d'Irigny (1) ; il vient en même temps que Joseph Beau, notre ancien camarade du lycée, d'être promu officier en sortant de l'Ecole Polytechnique.

Pendant la diversion d'hier du côté de Charenton, on s'est vivement battu à la Malmaison et à Buzenval, mais sans succès réel. Notre avance cependant fut telle à un moment que le grand quartier de l'armée allemande installé à Versailles aurait fait des préparatifs de départ.

23 *Dimanche*. — Enterrement du lieutenant de dragons. En sortant de la chapelle avec les officiers délégués par les corps du voisinage, on traverse le bois pour se rendre au cimetière de St-Maurice qui domine une église de village. En quittant la fosse, on se montre au loin des batteries prussiennes en action et, plus près, l'endroit même où fut tué l'officier.

24 *Lundi*. — Pluie. A la bibliothèque. Je parcours un recueil de chansons populaires en songeant à mon père, un amateur de chansons bien que ne chantant pas. Il possède les œuvres de nos principaux chansonniers (Désaugiers, Emile Debraux, Béranger) et conserve de beaux cahiers de chansons (même patoises), copiées dans sa jeunesse.

---

(1) Décédé colonel d'artillerie.

Lambotin m'entretient longuement de Plancy, son pays natal, de sa famille, de notre camarade Théveny et du colonel Saussier, ses compatriotes.

Le soir, à 8 h. 1/2, aurore boréale.

25 *Mardi*. — Pluie. Visite du neveu de M. Privat. Une dépêche officielle de Tours annonce la belle résistance de Châteaudun.

Aurore boréale à 6 h. 1/2.

Après dîner, causerie sur l'Algérie que M. Privat connaît bien, sur les zéphyrs, les zouaves, les curés algériens et en particulier sur le curé de Laghouat (1).

26 *Mercredi*. — Pluie. A la bibliothèque. Le *Traité d'Economie politique* de J.-B. Say. Extraits :

Sous toutes les formes de Gouvernement un Etat peut prospérer, s'il est bien administré.

Les erreurs des grands hommes sont les seules dangereuses parce que l'autorité de leur réputation peut balancer celle de la raison qu'il faut respecter par-dessus tout.

Les nations se distinguent, comme les particuliers, par un génie qui leur est propre.

Tout talent suppose une étude préalable et aucune étude n'a pu avoir lieu sans des avances.

La joie des indigents est toujours occasionnée de larmes et les orgies de la populace sont des jours de deuil pour le philosophe.

Ce n'est pas en achetant qu'on dissipe sa fortune ; c'est en consommant ce qu'on a acheté.

Le luxe a en horreur toute dépense profitable.

Les richesses engendrent les richesses et toutes les fois qu'on en détient, on détruit non seulement celles qu'on consomme, mais toutes celles qu'on se serait procurées au moyen des premières.

Au cours d'une reconnaissance à Créteil, faite pendant la nuit dernière, un sergent-major a été tué par un franc-tireur pour n'avoir pas répondu au « qui vive ? ».

(1) Une lettre à ma famille remise à la poste le 25 octobre **est** arrivée à destination le 2 novembre.

27 *Jeudi*. — Au boulevard St-Germain avec Cauchy et M. Privat. Au Panthéon : enrôlement des gardes nationaux pour les bataillons de marche.

Canonnade aux forts de Montrouge et de Bicêtre.

Remise au général Trochu du produit de notre souscription pour les canons. Il a fait bon accueil à nos délégués et leur a dit qu'il était plein d'espoir pour l'avenir, que l'on avait des vivres pour deux mois et qu'il y aurait prochainement une action décisive.

28 *Vendredi*. — Enterrement du sergent à 8 h. 1/2. Des officiers, sous-officiers et soldats l'accompagnent au cimetière.

Vive inquiétude apportée par le journal de Pyat (*Le Combat*) qui annonce formellement que le Gouvernement a appris la livraison de Metz par le maréchal Bazaine.

29 *Samedi*. — La nouvelle relative à Metz est ainsi démentie par le *Journal officiel* : « Depuis le 17 août, aucune dépêche directe du Maréchal n'a pu franchir les lignes. Le général Bourbaki a pu s'échapper et ses relations avec la délégation de Tours, son acceptation d'un commandement important, démentent suffisamment les nouvelles fabriquées que nous livrons à l'indignation de tous les honnêtes gens. »

Canonnade continue vers Romainville, Aubervilliers, St-Denis.

Visite au fort de Charenton. Le général Mattat donne au commandant du fort (un ancien aide de camp du général Cavaignac) l'ordre de protéger un régiment de marche qu'il vient d'envoyer à la récolte de pommes de terre. On nous montre les travaux du fort et ceux de l'ennemi. Deux pièces d'artillerie de marine sont braquées sur des terrassements faits pendant la nuit à Montmesly : on attend la mise des canons. On ne voit d'ailleurs aucune troupe. On distingue, à la lunette, des francs-tireurs dispersés dans la plaine et le curé de Choisy au milieu de soldats travaillant à des batteries le long de ia ligne du chemin de fer. Visite des casemates. Les boîtes à mitraille.

Vers 2 h. 1/2, un capitaine de hussards apporte des ordres du général d'Exea : « Les prussiens paraissant devoir attaquer en masse le moulin Saquet, les troupes ont reçu l'ordre de partir ; que les pièces du fort soient prêtes à les appuyer ».

Visite au médecin de garde, M. Parmentier. On bat la générale. Tout le monde sur pied.

Vive canonnade à Bicêtre, Villejuif et Ivry.

En quittant le fort, rencontre de troupes d'infanterie, d'artillerie, de chasseurs d'Afrique et du génie. Le général Ribout. La voiture d'ambulance. Pluie. Les troupes rentrent à 5 h. 1/2 sans avoir vu l'ennemi. Un sergent de la ligne blessé en avant de Créteil.

30 *Dimanche.* — Toujours la canonnade du côté de St-Denis : il y a arrêt vers 8 heures. Mauvaises nouvelles apportées de St-Denis. Le Bourget, après avoir été brillemment enlevé par le général Bellemare a été repris après un combat très meurtrier.

La plus grande agitation règne sur les boulevards. Thiers serait rentré à Paris.

3: *Lundi.* — Canonnade à St-Denis, Montrouge, Nogent, Ivry. Le Gouvernement a fait afficher la nouvelle de la reddition de Metz. Anxiété croissante,

On parle, le soir, de la situation de la France en 1792 et de notre situation actuelle.

NOVEMBRE 1870

1 *Mardi.* — Les nouvelles apportées ce matin de Paris sont très impressionnantes. Hier après-midi et dans la soirée, grande manifestation à l'Hôtel de Ville où la Commune proclamée par Pyat, Flourens, Blanqui et Delescluze l'a emporté un instant sur le Gouvernement. Trochu fut couché en joue, Jules Favre ligotté et couvert de crachats, Jules Simon baffoué. Ernest Picard réussit à s'échapper par un souterrain et à rassembler, avec Jules Ferry, des bataillons de la garde nationale et de la garde mobile qui parvinrent à dégager les principaux membres du gouvernement réunis à l'Hôtel de Ville.

A Paris, après déjeûner, pour se rendre compte de l'état des esprits. La place de l'Hôtel de Ville est encombrée de Gardes nationaux relativement calmes. Les enrôlements pour les bataillons de marche continuent au Panthéon et sur la place St-Sulpice. Pas d'agitation dans les quartiers traversés. Rencontre du jeune camarade André Aynès, de Bourg, blessé à la main et fait caporal sur le champ de bataille.

2 *Mercredi.* — Au fort d'Ivry. Le commandant du fort, Joseph Beau, de Collonges, récemment sorti de l'Ecole polytechnique, est employé à des travaux du génie. Exploration des environs à la jumelle. Les mobiles de l'Ain sont à Châtillon.

Ordre du général Trochu autorisant l'armée à prendre part aux élections de demain « pour savoir si la population de Paris maintenait *oui* ou *non* les pouvoirs du gouvernement de la Défense nationale. »

Des journaux de Versailles envoyés par les Allemands affirment que l'anarchie règne dans Paris, qu'il y a des fusillades dans les rues et que la résistance n'est plus possible.

3 *Jeudi*. — On ne sait plus comme l'on vit. C'était hier la fête des morts. Avant de m'endormir, je me suis reporté aux hécatombes de Metz, de Sedan, aux Français, aux Arabes tombés loin du sol natal.

La famille n'a pas été oubliée. C'est la grand'mère morte au début de 1853, à l'âge de 66 ans. Elle savait si bien dire les fables, les contes, les souvenirs du vieux temps. J'ai revu avec netteté la fosse entr'ouverte, au moment du dernier adieu.

> Depuis vingt ans, par le temps prenant force,
> Ainsi qu'un nom gravé dans une écorce,
> Son souvenir se creuse plus avant. (1)

C'est le grand-père, mon parrain, mort quelques années plus tard (1858), dans un âge beaucoup plus avancé. Peu communicatif, il était resté fidèle aux traditions républicaines de sa jeunesse. Je ne l'ai vu à l'Eglise que pendant les cinquante-deux messes qu'il fit dire à sa femme, très religieuse. J'ai su, depuis, qu'il s'était engagé dans les Guides du général Joubert, de Pont-de-Vaux ; qu'il fut blessé à ses côtés, à Novi, et fait prisonnier de guerre. J'étais venu du Lycée pour assister à ses funérailles où le vieux curé pleurait.

Ces souvenirs en ont appelé d'autres : les prières pour les trépassés, les quêtes à domicile pour les sonneries qui se prolongeaient jusqu'à minuit.

---

(1) GÉRARD DE NERVAL. — Bohème Galante : *La Grand'Mère.*

Après déjeûner, Lecoin m'emmène dans sa demeure paternelle de la rue Guénégaud. Nous allons de là à mon ancienne pension du Val-de-Grâce ; Edgar Têtard, le fils de la maison, est sergent fourrier, à la grande satisfaction de sa mère,

Le vote de l'ambulance a donné 460 *oui* pour le gouvernement et 9 *non*.

4 *Vendredi*. — Résultats officiels des votes d'hier :

	oui	non
Armées de terre et mer, Garde mobile	236.623	9.053
Secteur de Paris et population réfugiée dans les villes	321.373	53.585
Total	557.996	62.638

Proclamation du Gouvernement. — ... Pour nous, nous ne demandons d'autre récompense que d'être les premiers au danger et de mériter, par notre dévouement, d'y avoir été maintenus par votre volonté.

Proclamation de Jules Favre. — ... Que ce jour solennel marque donc la fin des divisions qui ont désolé la cité. N'ayons tous qu'un cœur et qu'une pensée : la délivrance de la patrie.

A Vincennes. Un ballon monté s'en va à l'Est de Paris. Le bataillon des Mobiles du Tarn à l'exercice.

5 *Samedi*. — Election des Maires et Adjoints des vingt arrondissements de Paris.

Promenade aux redoutes de Gravelle et de la Faisanderie ; des balles provenant des exercices de tir passent au-dessus de nous.

Le soir, Théveny nous entretient de son compatriote le philosophe Vacherot qui l'a emporté sur Bertillon dans le 5ᵉ arrondissement.

6 *Dimanche*. — L'*Officiel* annonce que les négocia-

tions relatives à un armistice ont été rompues. Formation de trois armées commandées : la première, par le général Clément Thomas, commandant en chef de la Garde nationale ; la seconde, par le général Ducrot et la troisième, par le général Trochu.

Le général Mattat, récemment promu divisionnaire, visite les blessés de l'ambulance.

Le soir, vaste incendie dans la direction de Vitry et Thiais.

7. *Lundi.* — Au Ministére des Finances. Visite aux établissements Godillot, fabrication de bidons, chaussures, etc. Achats divers.

8 *Mardi.* — M. Privat est nommé pharmacien en chef de l'ambulance du Grand Quartier Général de la 2e armée. Un punch lui est offert dans la soirée.

Vive canonnade pendant la nuit du côté de St-Denis.

9 *Mercredi.* — Départ de M. Privat pour le Quartier Général de la 2e armée à la Porte-Maillot.

Il est établi un roulement des aides-majors médecins entre les ambulances de l'asile et de Bicêtre. Départ de Sordes.

Brouillard intense dans la soirée.

Violent article d'Edmond About contre Jules Favre dans le journal *Le Soir.*

10 *Jeudi.* — Pluie toute la journée. Neige le soir. Pendant la nuit coups de canon au fort de Charenton.

11. *Vendredi.* — Arrivée du remplaçant de Sordes ; il est accompagné du pharmacien-major Gallimard, de l'ambulance de Bicêtre où sont réunis 900 varioleux. M.

Gallimard, rentré d'Algérie au début de la guerre espérait trouver son camarade Privat.

12 *Samedi*. — A la Porte-Maillot, par le chemin de fer de ceinture. L'ambulance du Quartier Général est installée avenue des Ternes, 96. Le médecin en chef est M. Sarazin (1), médecin-major de 1re classe. Le médecin en chef des armées de Paris est le médecin-inspecteur Larrey (2). M. Privat est sorti.

13 *Dimanche*. — Nouvelle visite avenue des Ternes. Promenade avec M. Privat. Il me donne, d'après l'état-major, des nouvelles de la guerre en province. L'usine Cail fabrique sans relâche des canons de campagne.

Entrevue, le soir, avec le directeur de l'Asile.

14 *Lundi*. — On parle de la prochaine trouée et des préparatifs qui doivent la précéder. Ordre de se tenir prêts à toute éventualité.

Trop longue proclamation du général Trochu « aux Citoyens de Paris, à la Garde nationale, à l'Armée et à la Garde nationale mobile ».

... Je doute qu'en aucun temps, et dans l'histoire d'aucun peuple envahi, après la destruction de ses armées, aucune grande cité inves-

---

(1) Sarazin (Charles), répétiteur à l'Ecole de Strasbourg (1862-1870), professeur agrégé à la Faculté de Médecine, correspondant de l'Académie de Médecine, est décédé médecin principal en 1887.
Il était né à Calais en 1833.

(2) Le baron Larrey, fils du chirurgien en chef des armées de Napoléon est mort à Paris, en 1895, à 87 ans, dans son hôtel de la rue de Lille, si riche en souvenirs du premier Empire.
Il était de l'Institut et de l'Académie de Médecine. Le baron Larrey représentait la Société Médicale de Paris à l'inauguration de la statue de Bichat, à Bourg, en 1843. Il était correspondant de notre Société d'Emulation.

tie et privée de communications avec le reste du territoire, ait opposé à un désastre en apparence irréparable de plus vigoureux efforts de résistance morale et matérielle...

... Serrons nos rangs autour de la République et élevons nos cœurs... Si nous triomphons, nous aurons bien mérité de la Patrie en donnant un grand exemple. Si nous succombons, nous aurons légué à la Prusse, qui aura remplacé le premier Empire dans les fastes sanglants de la conquête et de la violence, avec une œuvre impossible à réaliser, un héritage de malédiction et de haine sous lequel elle succombera à son tour.

15 *Mardi*. — M. Bourguignon, pharmacien de 1re classe, à Charenton est attaché à l'ambulance en qualité de pharmacien aide-major requis.

Préparatifs de départ. On se fait photographier rue de Rivoli.

Fortifiantes nouvelles de la province, reçues par pigeons : Gambetta annonce que l'armée de la Loire, sous les ordres du général d'Aurelle de Paladine s'est emparée d'Orléans après une lutte de deux jours.. l'état intérieur de la France est entièrement satisfaisant... l'ordre le plus complet règne à Lyon et à Marseille... l'ennemi a évacué Dijon.

16 *Mercredi*. — Les habitants de Créteil sont invités à quitter leurs demeures.

Cononnade pendant la nuit du côté de Choisy.

17. *Jeudi*. — Visite à M. Privat. Il a sous ses ordres depuis quelques jours, mon camarade de promotion Danguy (1), avec lequel nous nous entretenons de Stras-

---

(1) Fils d'un fonctionnaire de Strasbourg, DANGUY était originaire de Chartres et s'était préparé à l'Ecole Polytechnique. Attaché à sa sortie du Val-de-Grâce à la division stationnée dans les Etats romains, il avait été rappelé à Paris au début de la guerre. Il quitta l'armée en 1873 et mourut un peu plus tard. C'était un beau parleur : il nous apportait à l'Ecole la *Lanterne* de Rochefort dès qu'elle parvenait à Kehl.

bourg. Nous descendons ensemble les Champs-Elysées pour voir la revue des bataillons de guerre de la Garde nationale passée sur la place du Carrousel par le général Clément Thomas.

Des troupes se massent dans la soirée autour de Créteil. Canonnade sur Choisy.

18 *Vendredi*. — Au Pavillon de Rohan, chez le tailleur du Val-de-Grâce, avec Théveny, Lambotin et Morisson.

19 *Samedi*. — Grands mouvements de troupes. Arrivée à l'ambulance d'un lieutenant de la Garde nationale blessé au bras (1).

20. *Dimanche*. — A Vincennes avec Morelot et Barbelet. Le canon tonne vers le Mont-Valérien. Les Mobiles de l'Ain ont été remplacés à Cachan par les Bretons.

21 *Lundi*. — Pluie. A la bibliothèque. Extraits de J.-B. Say :

Les besoins se multiplient à mesure qu'ils sont satisfaits.

Il en est de la probité comme du talent ; on n'a des gens intègres qu'en les payant.

Il faut constater le mérite du candidat et non le lieu de ses études, ni le temps qu'il y a consacré.

Un homme qui peut faire un bon administrateur, s'il se consacre à une autre profession, a de l'étoffe pour faire ou un bon avocat, ou un bon vendeur, ou un bon agriculteur, ou un bon négociant.

Fusillade et canonnade après le repas du soir. De la terrasse de l'Asile on se rend compte que la fusillade

(2) Une lettre à ma famille du 19 portant le timbre de la poste de Bercy (1ʳᵉ levée, 20 nov. est arrivée à destination le 27. On a su plus tard que le ballon monté l'*Archimède*, parti le 21, était tombé en eu Hollande.

s'étend de Choisy au Moulin-Saquet et qu'elle acquiert parfois plus d'intensité du côté de Choisy. Des coups de canons partent de Charenton et des Hautes-Bruyères.

22 *Mardi.* — Des blessés de Choisy arrivent à l'ambulance. Les prussiens qui ont attaqué nos avant-postes auraient été refoulés. Les canonnières de la Seine du commandant Farcy seraient heureusement intervenues.

Vaccinations générales à l'ambulance. On parle de nouveaux engins de guerre terrifiants présentés à la Commission de défense ; ils seraient utilisés prochainement à Choisy.

Réponse de J. Favre à une circulaire de Bismarck (relative à l'armistice) publiée réemment dans un journal de Versailles et reproduite dans les journaux de Paris.

23 *Mercredi.* — Sur le plateau de Vincennes, avec Lambotin. Exercices de tir. Les canons et les mitrailleuses de l'usine Cail. Les chassepots nouvellement fabriqués.

24 *Jeudi.* — A Paris, chez le photographe de la rue de Rivoli. Deux beaux canons sortant de la fonderie attirent l'attention des passants.

25 *Vendredi.* — Visite de M. Privat. Je me rends avec lui à Vincennes. Grand rassemblement autour d'une énorme pièce en acier se chargeant par la culasse ; douze chevaux la traînent dans la direction de Joinville.

Rencontré de Brémond, Dessoliez (1) et autres offi-

---

(1) DESSOLIEZ est mort à La Roche-sur-Yon où il a exercé la médecine.

BRÉMOND est mort quelques années plus tard : il était pharmacien à Lamothe-Achard et membre du Conseil général de la Vendée.

ciers des Mobiles de la Vendée qui m'entraînent à Montreuil où ils sont campés. On apporte le mot d'ordre pendant le dîner ; il est trop tard pour rentrer. On cause longuement du quartier latin des relations des Vendéens et des Bressans pendant mon année du Val-de-Grâce, et en particulier de l'entrain et de la constante bonne humeur des bons amis Camus et Merle (1) ; de quelques visites à l'*Académie* (2). On parle aussi de la situation actuelle : les curés et les nobles de la Vendée ne seraient pas favorables au Gouvernement.

Je m'endors, tout habillé, dans une couverture de campement.

26 *Samedi.* — Départ de Montreuil à 7 heures du matin. Arrivée à l'Asile à 8 h. 1/2.

Les portes de Paris qui, depuis le 17, étaient fermées à 5 h. du soir ne seront plus ouvertes, jusqu'à nouvel ordre, que pour le service de l'armée.

M. Dumesnil confirme les bruits relatifs à une prochaine trouée.

On entend, pendant la nuit, la canonnade des forts du Sud.

27 *Dimanche.* — A Vincennes avec Brémond et autres officiers Vendéens avec lesquels on s'était donné rendez-vous. Au retour, rencontre de troupes nouvelle-

(1) Joseph MERLE est mort en 1899, à Neuville-les-Dames, où il était notaire. — CAMUS est récemment décédé, major de 1re classe en retraite, à La Roche-sur-Yon, son pays natal.

(2) L'*Académie Pellerier*, rue Gay-Lussac était fréquentée par des ouvriers et de vieux étudiants qui y occupaient une petite salle du fond. La littérature et la politique s'y mêlaient à l'absinthe. Quelques habitués ont joué un certain rôle pendant la Commune.

ment campées dans les bois. D'après un capitaine du 87ᵉ, la division à laquelle il appartient (8.000 hommes) a reçu des vivres pour 8 jours.

A minuit, très vive canonnade sur toute la ligne du Sud. Les canonnières y prennent part.

28 *Lundi*. — Grands mouvements de troupes dans le rayon de Vincennes. Il y en a partout dans les bois : canons, mitrailleuses. Rencontre du capitaine d'hier. Le génie s'apprête à jeter des ponts sur la Marne. Le soir, extinction des feux. La proclamation imprimée du général Ducrot, remise aux soldats, produit un excellent effet. Elle aurait gagné a être plus courte :

Soldats de la 2ᵉ armée, le moment est venu de rompre le cercle de fer qui nous enserre... A vous est dévolu l'honneur de tenter cette grande entreprise : vous vous en montrerez dignes j'en ai la certitude... Pour moi, je ne rentrerai dans Paris que mort ou victorieux.

La 1ʳᵉ division constituant l'aile droite doit s'avancer par Joinville, Champigny, Chennevières, les Bordes et la ligne du chemin de fer. Le départ est fixé à 2 heures du matin.

Calme très impressionnant : le calme précédant la tempête.

29 *Mardi*. — Vers une heure du matin la canonnade se fait entendre au Sud-Est pendant quelques instants. Elle reprend vers 4 heures et devient très vive à 7 heures. Bombardement de Choisy par le fort de Charenton. Canonnade intermittente aux forts d'Ivry, de Bicêtre et au Moulin-Saquet.

A déjeûner, un médecin aide-major de régiment donne quelques vagues renseignements.

Visite aux troupes du plateau de Vincennes. Les canons de 12 et les mitrailleuses. Les plaques de blindage Le gros canon.

A la redoute de la Faisanderie ; le matériel de pont est rassemblé pour le passage de la Marne.

A Nogent : les arches du pont de pierre qui avaient été détruites sont restaurées à l'aide de madriers recouverts de planches. Un pont de bateaux a été jeté à côté du pont de pierres. Circulation de bateaux-mouches. Le Neptune.

On a connaissance dans la soirée de la « proclamation du Gouvernement à la population de Paris » et de la « proclamation du Gouvernement au peuple de Paris et à l'armée ». Les deux proclamations sont datées du 28. La première est signée par les membres du Gouvernement : Jules Favre, vice-président ; Emmanuel Arago, Jules Ferry, Garnier-Pagès, Eugène Pelletan, Ernest Picard, Jules Simon.

Par les ministres : Général Le Flô, Dorian, J. Magnin.

Et par les Secrétaires du Gouvernement : André Lavertujon, F. Hérold, A. Dréo, Durier.

Citoyens,

L'effort que réclamaient l'honneur et le salut de la France est engagé. Vous l'attendiez avec une patriotique impatience que vos chefs militaires avaient peine à modérer. Décidés comme vous à débusquer l'ennemi des lignes où il se retranche et à courir au-devant de vos frères des départements, ils avaient le devoir de préparer de puissants moyens d'attaque. Ils les ont réunis ; maintenant ils combattent ; nos cœurs sont avec eux. Tous, nous sommes prêts à les suivre, et, comme eux, à verser notre sang pour la délivrance de la patrie.

A cette heure suprême où ils exposent leur vie, nous leur devons le concours de notre vertu civique... Nous comptons sur le succès, nous ne nous laisserons abattre par aucun revers...

La proclamation de Trochu est sur le même ton, avec Dieu en plus :

Citoyens de Paris, Soldats de la Garde nationale et de l'Armée.

La politique d'investissement et de conquête entend achever son œuvre. Elle introduit en Europe et prétend fonder en France le droit de la force. L'Europe peut subir cet outrage en silence, mais la France veut combattre et nos frères nous appellent au dehors pour la lutte suprême.

Après tant de sang versé, le sang va couler de nouveau. Que la responsabilité en retombe sur ceux dont la détestable ambition foule aux pieds les lois de la civilisation moderne et de la justice. Mettant notre confiance en Dieu, marchons en avant pour la Patrie.

On apprend très tard, dans la soirée, que Vinoy, pour faire diversion à la marche sur Joinville, avait occupé Choisy et Thiais le matin, mais qu'il avait du se retirer par ordre. Le 106ᵉ et le 116ᵉ bataillons de la Garde nationale ont montré une grande bravoure à l'attaque de la gare aux bœufs de Choisy. La retraite s'est effectuée régulièrement sans pertes.

3o *Mercredi*. — Canonnade pendant la nuit. Au jour, les forts de Bicêtre, Ivry et Charenton font un vacarme épouvantable. Les batteries de Port à l'Anglais et les canonnières de la Marne sont en action. Des wagons blindés sont dirigés sur Choisy en feu. La canonnade cesse vers 8 h. 1/2 du côté de Bicêtre et de Charenton, mais reprend extêmement forte à Nogent, dans la direction de Champigny et Chennevière. Les redoutes de Gravelles et de la Faisanderie donnent sans relâche et à un moment, l'ébranlement du sol est tel que l'on ouvre les fenêtres de la pharmacie pour éviter que les vitres ne soient brisées. Emotions d'un jeune infirmier qui entend le feu pour la première fois.

Vers 1 h. 1/2, l'artillerie des forts se ralentit, **nos** troupes s'étant portées en avant de Champigny.

A Joinville. Les ponts jetés pendant la nuit. Notre aile droite reçoit l'ordre de battre en retaite. La gauche tient ferme, malgré les batteries de Cœuilly.

Arrivée de prisonniers. Un jeune fantassin à lunettes, d'aspect chétif, pleure et craint pour sa vie.

Blessés et tués : le capitaine adjudant-major de Trécesson.

Les batteries de Cœuilly ne sont éteintes que vers 4 h. 1/2. On entend alors une vive fusillade et le bruit strident des mitrailleuses.

Le feu cesse à la nuit. Nos troupes couchent sur le champ de bataille.

Le soir, à 5 heures, le Gouvernement a fait afficher les lignes suivantes :

L'action est engagée vivement sur plusieurs points.

La conduite des troupes est admirable. Elles ont abordé les positions avec un grand entrain.

Toutes les divisions de l'armée du général Ducrot ont passé la Marne et ont occupé les postes qui leur étaient assignés.

Le gros de l'affaire est à Cœuilly et à Villers-sur-Marne.

La bataille continue.

> J. FAVRE, Emmanuel ARAGO, J. FERRY, GARNIER-PAGÈS,
> Eugène PELLETAN, Ernest PICARD, Jules SIMOND.

On apprend, d'autre part, qu'il arrive de fortes réserves d'infanterie à Nogent et des réserves d'artillerie sur le plateau de Vincennes. Des fuyards ont été arrêtés par des Gardes nationaux.

Il y aurait de nombreux blessés dans des maisons atteintes par les obus du fort de Nogent.

DÉCEMBRE 1870

1er *Jeudi.* — Belle nuit étoilée, très froide.

Le matin, le calme règne de tous les côtés. Enterrement du capitaine de Trécesson. Promenade à Gravelles après déjeûner. Le canon du côté de Noisy. Il arrive du champ de bataille des blessés et des morts.

Le Gouvernement communique, dans la soirée, les renseignements suivants :

La journée du 1er décembre s'est écoulée dans des conditions de calme que ne faisaient pas pressentir les luttes de la veille. Nous nous sommes installés sur nos positions. Nous avions du reste un devoir à remplir : sur le terrain conquis, où sont couchées nos troupes, il y avait encore ce matin des blessés français et prussiens, et les ambulances ont dû fonctionner pendant que nos soldats enterraient religieusement les morts des deux armées. Vers la fin, une partie du terrain n'ayant pu être explorée à cause de la proximité des avant-postes, par une sorte d'accord tacite, il y eut une suspension d'armes qui dura à peine deux heures, et que l'on employa à terminer l'enlèvement des blessés. On pense que le général Renault sera amputé demain de la jambe et on augure bien de l'opération.

Le Gouverneur n'a pas quitté les positions.

2 *Vendredi.* — Vive canonnade du côté de Champigny.

Nos avant-postes auraient été brusquement surpris et désarmés le matin vers 7 heures. Les Mobiles d'Ille-et-Vilaine se sont enfuis jusqu'aux ponts de la Marne solidement gardés par la gendarmerie. L'artillerie tient bon et par sa belle résistance permet de ramener l'ordre.

La redoute de Gravelle et le fort de Nogent appuient nos batteries installées dans la plaine et sur les hauteurs. Tous les feux convergent sur Cœuilly où les Prussiens disposeraient de cent pièces.

Vers 1 heure l'offensive est vivement reprise. Les Mobiles d'Ille-et-Vilaine et de la Seine-Inférieure sont envoyés sur la droite et les bataillons de guerre de la Garde nationale sur le talus du chemin de fer.

Vers 3 heures les batteries de Cœuilly sont **éteintes**

et nos troupes gagnent du terrain. On amène 3oo prisonniers qui sont dirigés sur le fort de Vincennes. Notre résistance les étonne d'autant plus que, d'après eux, notre armée de la Loire serait détruite et que les troupes allemandes seraient à Tours.

Le général Clément Thomas annonce que l'ennemi est en déroute et donne l'ordre à la Garde nationale (35.000 hommes) d'occuper les positions enlevées le 3o.

Les bataillons de Belleville et de la Villette poussent des cris enthousiastes de « Vive la République ».

Retour du général Trochu : tout va bien.

Rencontre de monseigneur Baüer, à cheval, revenant du champ de bataille. Un bel homme, autrefois confident de l'Impératrice. Il fait songer aux évêques militaires du moyen-âge.

En passant à la Faisanderie, un gros canon de marine éclate et un bloc de 5o à 6o kg est projeté par dessus nos têtes à environ 8o mètres, sans blesser personne.

Le 107ᵉ bavarois a été fort éprouvé par le 107ᵉ français.

Dans la soirée, le Gouvernement a fait afficher le communiqué suivant :

Dès ce matin, à l'aube, l'ennemi a attaqué les positions de l'armée du général Ducrot avec la plus grande violence. Nos troupes étaient prêtes à recevoir le combat.

Un développement considérable d'artillerie, appuyé par les positions d'Avron, les forts de Nogent, de la Faisanderie, de Gravelle, des redoutes de St-Maur et du fort de Charenton, a empêché l'ennemi de gagner du terrain.

Les dernières nouvelles du champ de bataille sont de 1 h. 45 minutes. L'infanterie prussienne se repliait dans les bois et jusqu'à présent, nous avons l'avantage. Aussitôt la nouvelle de l'attaque, le chef d'état-major général a demandé des troupes au général Vinoy, au général Clément Thomas, qui avait déjà conduit lui-même sur les lieux, trente-trois bataillons de la Garde nationale.

Les généraux de Beaufort et de Lignères ont été prévenus de tenir leurs troupes prêtes, et nos positions du Sud, sous les ordres du général Vinoy, appuient la bataille par une vigoureuse diversion. Le combat continue.

Le Ministre de l'Intérieur, par intérim,
Jules Favre.

3 *Samedi*. — Au matin on entend la fusillade au loin.

Dans l'après-midi, grands mouvements de troupes. L'armée du général Ducrot cède ses positions à l'armée Vinoy et à la Garde nationale pour venir occuper dans les bois de Vincennes ses anciens cantonnements du 28 novembre.

Les terrassiers de Créteil travaillent aux tranchées.

M. Janssen, délégué par l'Académie des Sciences pour étudier l'éclipse du 22 décembre, doit partir en ballon.

4 *Dimanche*. — Le matin, calme absolu. A 1 heure, à Vincennes. Au café du Rocher avec Dessoliez. Il y a conseil de guerre au fort de Vincennes. Rencontre de MM. Sarazin, Privat, Danguy, Charbonnier et Leblanc.

Dîner avec eux à l'ambulance du Grand Quartier général. Excellent filet de mulet provenant du champ de bataille.

En rentrant, grand mouvement de troupes dans la direction de Charenton.

Le général Renault, très populaire dans l'armée sous le nom de « Renault l'arrière-garde » est mort des suites des blessures reçues le 30 novembre à l'attaque du parc de Villiers.

Un lieutenant du génie est tué dans le clocher de Champigny, où il était en observation.

Le Gouvernement a fait afficher, dans la soirée, plusieurs documents dont voici des extraits :

Ordre du jour du Général Ducrot.

Vincennes, 4 décembre 1870.

Soldats,

Après deux jours de glorieux combats, je vous fais repasser la Marne, parce que j'étais convaincu que de nouveaux efforts dans une direction où l'ennemi avait eu le temps de concentrer toutes ses forces et de préparer ses moyens d'action, seraient stériles...

Mais la lutte n'est suspendue que pour un instant ; nous allons la reprendre avec résolution : soyez donc prêts, complétez en toute hâte vos munitions, vos vivres et surtout élevez vos cœurs à la hauteur des sacrifices qu'exige la sainte cause pour laquelle nous ne devons pas hésiter à donner notre vie.

Le Général en chef de la 2e Armée,

A. DUCROT.

Rapport Militaire du 4 décembre 1870.

Les pertes de l'ennemi ont été tellement considérables pendant les glorieuses journées des 29, 30 novembre et 2 décembre, que pour la première fois, depuis le commencement de la campagne, frappé dans sa puissance et dans son orgueil, il a laissé passer une rivière en sa présence, en plein jour, à une armée qu'il avait attaqué la veille avec tant de violence...

L'armée, réunie en ce moment à l'abri de toute atteinte, puise de nouvelles forces dans un court repos qu'elle était en droit d'attendre de ses chefs après de si rudes combats. Il y a des cadres à remplacer et c'est avec la plus grande activité que l'on procède au remaniement de certaines parties de son organisation.

Le Gouverneur est resté à la tête des troupes et il pourvoit lui-même à tous les besoins signalés.

5 *Lundi.* — A Vincennes. Rencontre très amicale de M. Cauvet (1) pharmacien-major, ancien répétiteur de matière médicale à l'Ecole de Strasbourg.

Les militaires sont logés chez l'habitant. Le général Blanchard aurait été destitué. Dîner à l'Ambulance du Quartier Général.

_____

(1) Né à Agde en 1827 : décédé à Lyon le 23 janvier 1890 ; professeur à la Faculté de Médecine.

6 *Mardi.* — Visite aux Mobiles de l'Ain, en avant de Joinville. Le passage du pont de bateaux, très mouvant, me rappelle le pont de Kehl (la Marne est très forte).

Les Mobiles de la Vienne et de l'Ain. Je retrouve de bons camarades du Lycée : Chambeaud (1), Marme, Rochet (2), Vaulpré, sergents ; Hudellet (3) et Milliet, aides-majors ; Gaspard Baudoin et Jacques Talon, vaguemestres. D'autres sont de garde du côté de la ferme du Tremblay. Guillon (4) et Colliex sont à l'Etat-Major.

Des cinq bataillons de Mobiles de l'Ain, trois seulement sont à Paris, ayant un effectif d'environ 3.500 hommes avec 80 officiers.

Le corps du capitaine, marquis de Trécesson, est réclamé par la famille.

Soirée chez M. Bourguignon avec M. Desportes : on apprécie son excellent champagne.

7 *Mercredi.* — Le *Journal officiel* reproduit une communication de de Moltke au Gouverneur de Paris, confirmant des bruits apportés par des prisonniers.

Il pourrait être utile d'informer Votre Excellence que l'armée de la Loire a été défaite hier près d'Orléans et que cette ville est occupée par les troupes allemandes.

Si toutefois, Votre Excellence, juge à propos de s'en convaincre par un de ses officiers, je ne manquerai pas de la munir d'un sauf-conduit pour aller et venir.

Le Chef d'Etat-Major, Comte DE MOLTKE.

---

(1) Décédé en 1882, directeur du *Progrès de l'Ain*. Je l'ai revu à Paris, avec Vaulpré qui lui envoyait fréquemment des articles très appréciés. Sa mort imprévue nous impressionna beaucoup.

(2) Décédé en 1909, receveur de l'Enregistrement.

(3) Décédé en 1911, médecin en chef de l'hôpital de Bourg, Chevalier de la Légion d'honneur.

(4) Charles GUILLON est mort récemment, à Bourg.

La réponse suivante de Trochu, affichée sur les murs, à la suite de la lettre de Moltke, fut très goûtée de la majorité de la population.

Votre Excellence a pensé qu'il pouvait être utile de m'informer que l'Armée de la Loire a été défaite près d'Orléans et que cette ville est occupée par les troupes allemandes.

J'ai l'honneur de vous accuser réception de cette communication que je ne crois pas devoir faire vérifier par les moyens que Votre Excellence m'indique.

Les Gardes nationaux de la caserne Nicolaï demandent à marcher.

Enterrement du colonel Franchetti, des éclaireurs de la Seine, mort à l'ambulance du Grand-Hôtel, des suites des blessures reçues sur le plateau de Villiers.

Le bruit court de la révocation du général Favé.

8 *Jeudi*. — Neige abondante. Visite du médecin principal de 1re classe Fleschhut(1) médecin en chef de l'hôpital de Vincennes.

D'après des bruits venant de l'entourage du Gouvernement, les Allemands cherchent à gagner du temps pour nous obliger à épuiser nos réserves de vivres et retarder notre action militaire. Cette action se porterait du côté de St-Denis où l'on a déjà rassemblé 110.000 hommes. Les vivres seraient assurés jusqu'au 5 janvier.

On prétend que l'affaire de Champigny a été engagée pour soutenir une armée de secours venant de Fontainebleau.

9 *Vendredi*. — Visite de MM. Privat, Danguy et autres camarades de l'ambulance du Grand Quartier général. En les reconduisant, à Vincennes, rencontre du capitaine de Fréminville, des Mobiles de l'Ain.

---

(1) Né à Burveiller (Bavière), en 1818.

10 *Samedi*. — A Joinville, de l'autre côté de la Marne. Les Mobiles de la Vienne et de l'Ain sont toujours en contact avec les lignes allemandes. Entrevue très aimable avec Augier, de la Chapelle, le capitaine Couderc type de vieux soldat, et d'autres compatriotes.

En rentrant, nouvelles alarmantes : l'armée d'Orléans détruite aurait perdu cent canons ; les prussiens seraient aux portes de Bourges et de Tours ; Rouen serait occupé, Cherbourg menacé, etc.

Le Gouvernement fait publier que ces nouvelles venant de l'ennemi sont fausses ; elles ont été apportées par des pigeons voyageurs provenant du ballon *Daguerre*, capturé à Ferrières, par les Allemands.

Mort d'un capitaine des Mobiles du Tarn.

11 *Dimanche*. — A l'ambulance du Quartier Général à Vincennes. Au café du Rocher, avec Joseph Beau, de Collonges (1).

Le soir, à l'Asile, discussion avec un pasteur protestant sur Osterwald, de Sacy, Renan, Strauss.

Grand mouvement d'artillerie pendant la nuit.

12 *Lundi*. — De midi à 5 heures, canonnade intermittente au fort de Charenton. Les bruits d'une prochaine sortie se propagent dans les quartiers populaires ; des inquiétudes se manifestent au sujet des vivres ; des rassemblements se forment à la porte des boulangeries.

13 *Mardi*. — Il fait moins froid, temps affreux : neige fondue ; pluie. Le canon du côté de Vanves.

---

(1) Les *Récits Militaires* du général Ambert mentionnent son héroïque conduite à Montretout où il fut blessé mortellement.

Graud mouvement de troupes dans la direction de St-Denis. Les officiers du 116ᵉ : le capitaine adjudant-major Colonna d'Istria, des zouaves (1).

14. *Mercredi.* — A la salle de garde avec Fabre, un fin lettré. Il dit dans la perfection quelques poésies, parmi les plus belles des *Châtiments.*

Pour dissiper les craintes de la population relatives aux vivres, le Gouvernement fait publier que le pain ne sera pas rationné. Il n'y aura plus que du pain bis. Le pain et la viande sont en quantités suffisantes.

15 *Jeudi.* — Des dépêches de Gambetta, du 5 et du 11 décembre, apportées hier dans la soirée par des pigeons voyageurs, annoncent qu'Orléans et Amiens ont été évacués ; que le Gouvernement s'est transporté à Bordeaux pour ne pas gêner les mouvements stratégiques des armées ; que le général Chanzy est à la tête des 16ᵉ, 17ᵉ, 19ᵉ et 21ᵉ corps ; que Bourbaki commande les 18ᵉ et 20ᵉ corps ; que le 15ᵉ est aux ordres de des Paillères ; que Faidherbe est en action dans le Nord ; que Bressoles, à Lyon, se dispose à se jeter avec 30.000 hommes dans l'Est, en s'appuyant sur les garnisons de Langres et de Besançon ; que les Prussiens sont tenus en échec par Garibaldi entre Autun et Dijon ; qu'ils ont levé le siège de Montmédy et de Mézières.

Des officiers de l'armée de la Loire échangés avec des officiers allemands faits prisonniers sur la Marne ont

---

(1) J'ai eu plus tard d'excellents rapports avec le capitaine COLONNA D'ISTRIA que j'ai retrouvé au 4ᵉ zouaves, à Orléansville et à Médéah. Il sortait du rang. Il était connu pour sa bravoure qui lui valut plusieurs citations, notamment à l'attaque du parc de la Malmaison où il entra le premier.

rapporté qu'ils s'étaient battus avec succès le 1er décembre, mais que le 2, l'armée française avait été obligée de battre en retraite devant des forces supérieures.

16 *Vendredi.* — Au quartier général de Ducrot. — Pluie de décorations au sujet des dernières affaires militaires.

Essais de dynamite au Polygone ; arbres brisés et enlevés.

On commente, après dîner, les nouvelles reçues de la province. Le canon vers Bicêtre et le Moulin Saquet. Lettre à la famille (1).

17 *Samedi.* — Intervention du bistouri pour en finir avec un mal de dent dont je souffrais depuis plusieurs jours.

Entrée à l'ambulance de M. de Lastic, de Poitiers, engagé volontaire à 58 ans, pour venger la mort de son fils tué à Sedan. Il a été fait caporal et sergent sur le champ de bataille. Il s'est occupé de paléontologie et non sans succès ; c'est un grand joueur d'échecs. Il estime que le jeu d'échecs peut être appliqué à l'art de la guerre.

18 *Dimanche.* — Distribution de vivres aux troupes pour six jours. On est avisé que les portes de Paris se vont fermées demain, à partir de midi.

Les officiers du 126e. On parle du sergent de Lastic dont l'influence est grande sur les jeunes soldats du régiment. Il est toujours en avant, vêtu d'une grande ca-

(1) Cette lettre portant la timbre Paris-Bercy, 3e, 17 déc. est arrivée à destination le 20.

pote en toile cirée qui l'a fait arrêter dans Paris comme espion.

19 *Lundi*. — Départ des troupes cantonnées à Charenton ; elles emportent des couvertures.

M. de Lastic rejoint le 126e.

20 *Mardi*. — Grands mouvements de troupes. A Vincennes, à 2 heures, avec Denis et Delaporte. Le grand quartier général est parti.

Des batteries d'artillerie (canons et mitrailleuses) s'engagent dans la rue de Montreuil. Le 126e part à 6 h. 1/2.

Dans la nuit quelques coups de canons au fort de Charenton.

Le *Journal officiel* annonce que le Gouverneur est parti pour se mettre à la tête de l'armée, des opérations de guerre importantes devant commencer demain au point du jour : « Tous les mouvements de troupes se sont exécutés avec la plus grande régularité ; il y a plus de cent bataillons de la Garde mobilisée en dehors de Paris. »

21 *Mercredi*. — Temps froid et sec, léger brouillard.

Au matin, canonnade au loin. A midi, l'action est plus intense. De l'observatoire de l'Asile on voit les coups portés par les forts de Nogent, Rosny et Romainville.

A 3 heures, un garde forestier venant de l'autre côté de la Marne, rapporte que nos troupes sont à Chelles et s'avancent sur Livry.

On dit aussi que l'on se bat du côté de St-Germain, vers l'île de Chiard.

On apprend le soir, que nos marins ont attaqué le

Bourget à l'arme blanche, qu'ils ont fait 150 prisonniers et ont dû se retirer. Le général Favé aurait été
blessé. Les grandes gardes sont confiées aux gendarmes.

D'après l'Internationale américaine, l'armée de Chanzy
serait victorieuse.

22 *Jeudi*. — Il fait très froid : on signale sur le front
plusieurs cas de congélation. Canonnade au matin vers
le plateau d'Avron.

Eclipse de soleil à 1 heure.

Nos troupes surprises à Ville-Evrard auraient abandonné cette position, occupée la veille. Le général
Blaise serait tué.

23 *Vendredi*. — Temps superbe, très froid. Au bois
de Vincennes ; sur la glace des canaux.

A Nogent : la vue s'étend très nette sur le fort de
Rosny, le plateau d'Avron, Neuilly, Bry, Montreuil, le
château de Montreau.

Les bataillons de guerre de la Garde nationale.

On se bat du côté de Clamart.

24 *Samedi*. — Temps clair, 9 degrés au-dessous de
zéro. Pendant la nuit on a entendu la canonnade du côté
de Montmesly et du plateau d'Avron.

Le bruit court de la reprise du Bourget.

Avant de me coucher, je me reporte aux Noëls de
mon enfance, à la messe de minuit où affluaient, en
sabots, les gens de la campagne ; à la grande messe du
jour, au gros chapon mangé en famille, aux vêpres
chantées par les jeunes filles du Rosaire, à nos ferventes
prières. Il y a deux ans, à minuit, j'étais avec quelques

camarades du Val-de-Grâce, au Noël de St-Eustache.
Quel contraste !

> Mais où la retrouver, quand elle s'est perdue
> Cette humble foi du cœur, qu'un ange a suspendue
> En palme à nos berceaux
> Qu'une mère a nourrie en nous d'un zèle immense,
> Dont chaque jour un prêtre arrosait la semence
> Au bord des saints ruisseaux (1).

25 *Dimanche*. — 7 degrés de froid. Triste Noël. A la
bibliothèque : à travers la Collection du *Tour du Monde*.

Sur les canaux du bois de Vincennes avec Morelot et
Barbelet. La chasse aux oiseaux. Le canon à Avron.

26 *Lundi*. — Visite aux patineurs du lac Daumesnil.
Entrée à l'ambulance de Marme des Mobiles de l'Ain.

27 *Mardi*. — A la pointe du jour, canonnade formidable du côté d'Avron. Elle continue sans arrêt jusqu'à
midi, puis se poursuit plus lentement à intervalles assez
réguliers.

Causerie avec Marme dont la fièvre d'hier est tombée.
On parle de Bourg, du Lycée, de M. Olivier (2), le très
aimé proviseur, de ses successeurs, des censeurs, de
l'aumônier à l'immuable perruque, de la bonne sœur
Javion. Les professeurs ont leur tour, depuis les anciens (Mermod, Triboulier, Aubert, Joz, Peingeon,
Grandwinet, Grégori), jusqu'aux nouveaux venus (Brun,
Boulangier, Berlioux, Lefebvre, Dupras, Valson) ; puis
l'excellent père Proal, surveillant général, quelques
vieux maîtres d'étude et parmi les camarades loin de

(1) SAINTE-BEUVE. Joseph Delorme : *Les Rayons jaunes*.

(2) Décédé Inspecteur d'Académie, en 1887.

Paris : Lafay (1), Charcot, Descos (2), Villard, Verguet, Dumarest, Francisque Chevalier (3), Fornasari, Treyves (4), Forestier (5), Lacroix, Rochet, le petit Berrot (6), les Albert, les Cherel, les Convert, les Donzel, les Peloux, les Durand, les Pitre, les Griveaux, les Herbet.

On apprend, le soir, que les forts de Noisy, Rosny, Nogent ont été bombardés ainsi que le plateau d'Avron.

Un obus a pénétré dans une maison d'Avron où déjeunaient neuf officiers. Un aumonier a été tué sur le coup ainsi que plusieurs officiers. Les autres ont été blessés ; seul le médecin-major et le soldat qui les servait n'ont pas été atteints.

---

(1) D'Octave Lafay, de Montbrison, que je n'ai jamais revu, j'ai conservé une épitre de 140 vers, reçue en janvier 1865, alors qu'il suivait les cours de la Faculté de Droit de Dijon.

(2) Décédé Contrôleur des Contributions, en 1899.

(3) Tué à Bazeilles, sous-lieutenant d'infanterie de marine.

(4) Horticulteur-paysagiste, né à Trévoux en 1847, décédé à Moulins le 14 mai 1906. A restauré d'anciens parcs et en a créé de nouveaux, parmi lesquels il convient de citer celui du général Annenkoff, sur le chemin de fer Transcaucasien, en Asie. Ses quatre fils, qui ont conservé après lui l'entretien et la direction des promenades et jardins de Vichy, ont été aux premiers rangs dans la nouvelle campagne contre l'Allemagne.

Les remarquables travaux de Treyve lui valurent la prime d'honneur d'horticulture, en 1885, et celle d'arboriculture, en 1896. (Fr. Convert).

(5) Admis à l'Ecole de Strasbourg, en 1868, comme élève médecin et comme élève pharmacien, Forestier a opté pour la section de pharmacie. Il était aide-major en Algérie lorsque le Gouvernement de la Cochinchine fit appel aux officiers pour assurer le service des affaires indigènes (1874). Licencié en droit de l'Université de Paris, Forestier a occupé successivement les postes d'administrateur stagiaire, d'administrateur de 3e, de 2e et de 1re classe (à Cholon). Il est en retraite à Gex, dans son pays natal.

(6) Albert Lacroix est mort en 1888, capitaine du génie, professeur à l'Ecole de Guerre ; Gaston Rochet, en 1904, colonel d'infanterie et Berrot, en 1912, général de brigade.

Le bombardement continue pendant une partie de la nuit ; nos forts répondent.

28 *Mercredi.* — Le bombardement se poursuit dans la même direction.

Ma première leçon de patinage sur le lac Daumesnil.

Le bruit court, à nouveau, d'un succès de Chanzy ; le bombardement accrédite ce bruit ; les allemands se vengent sur Paris.

29 *Jeudi.* — Toujours le bombardement. Avron a été évacué, nos pièces étant impuissantes contre celles de l'ennemi. — Rosny se défend énergiquement. Le fort de Nogent ne peut voir les batteries qui l'attaquent.

20.000 hommes sont massés en arrière des forts en vue d'un assaut.

Après déjeûner, patinage sur le lac de Vincennes.

Extrait du *Rapport militaire* du 29, inséré à l'*Officiel :*

Aujourd'hui le bombardement a redoublé d'intensité : ses efforts sur le plateau d'Avron qui n'a cessé d'être canonné ont démontré l'opportunité de l'évacuation qui a été opérée la nuit dernière. Les 74 pièces d'artillerie qui ont été retirées à peu près intactes, auraient été complètement désorganisées par le feu violent de la journée ; il a été plus particulièrement dirigé contre les forts de Rosny, Nogent et Noisy qui ont fait bonne contenance...

Il y a eu au fort de Nogent 14 blessés, au fort de Rosny 3 tués et 9 blessés.

L'ennemi a ouvert le feu sur Bondy où nous avons eu 2 hommes tués et 6 blessés.

30 *Vendredi.* — 9 degrés au-dessous de zéro.

Le bombardement est moins violent.

Les troupes reviennent à Charenton : rentrée à l'ambulance de M. de Lastic.

Le bruit court toujours d'une victoire de Chanzy.

31 *Samedi*. — Les nouvelles relatives à Chanzy semblent se confirmer.

Les maires de Paris se réunissent sous la présidence de Jules Favre. Discussion orageuse entre Vacherot, maire du 5e arrondissement et Delescluze du 19e.

Lambotin est atteint de la fièvre scarlatine.

Le Gouvernement fait savoir qu'aucune visite officielle n'aura lieu demain.

JANVIER 1871

1er *Dimanche*. — A l'occasion du nouvel an, les Maires ont fait distribuer dans la matinée 108.000 kilos de viande de bœuf, 90.000 kilos de chocolat, autant de haricots secs et d'huile d'olive.

Canonnade du côté d'Avron.

Lettre à la famille (1). Il me revient des souvenirs d'extrême jeunesse : les souhaits de bonne année aux parents, aux voisins, à tous ceux que l'on rencontre ; les pauvres de la région (hommes et femmes) allant de porte en porte, entassant pêle-mêle dans leurs besaces du pain de froment, du pain de seigle, du pain de maïs, des gaufres, des noix, des châtaignes et jusqu'à des pommes de terre.

Le bruit qui a couru récemment que le sergent Hoff avait disparu de son régiment et n'était qu'un vulgaire espion a été démenti par ses camarades indignés (2).

---

(1) La lettre portant le timbre « Paris-Bercy, 6e, 2 janvier 71 » n'est arrivée à destination que le 17.

(2) Le sergent Hoff du 107e d'infanterie avait été cité à l'ordre de

Le soir, réunion chez M. Bourguignon.

2 *Lundi*. — La commission des barricades constituée au début du siège et comprenant Rochefort, président ; Bastide, vice président ; Schœlcher, Albert, ancien membre du gouvernement provisoire de 1848, Martin-Bernard, Floquet, Dréo et Cournet a fait afficher hier, une proclamation pour inviter chaque ménage à tenir en réserve deux sacs de terre en vue de l'établissement de prochaines barricades.

Déjeûner, rue de l'Embarcadère, chez M. Desportes, avec Bergeron, Fabre et Ducoudray. Excellent vin blanc de Chablis.

Il y a quelques mouvements de troupes à Charenton. Pendant la nuit, légère canonnade au fort.

3 *Mardi*. — Visite aux mobiles de l'Ain à Vincennes. On parle du manifeste d'hier, un peu hyperbolique, de notre compatriote Quinet.

Voici un extrait de ce manifeste intitulé : *En avant :*

Au bruit des bombes, au seuil de cette année 1871 qui s'appellera, si nous le voulons, l'année de la Victoire, calculons nos chances.

La France entre avec la République dans la Liberté, l'Allemagne s'enfonce dans le Césarisme... La France se couvre de bataillons ; ils fourmillent de toutes parts. Il ne s'agit plus seulement de délivrer la France, il s'agit de faire que l'ennemi n'en sorte pas.

En avant ! En avant ! Il n'est pas un hameau français où ce cri ne retentisse. Le froid, le gel, ne nous arrêtent pas. C'est la température d'Eylau. Il faisait plus froid à Austerlitz, quand son lac était gelé ; plus froid en Hollande quand nous avons pris la flotte enfermée dans les glaces. Comprenez ce qui arrivera le jour où les armées alleman-

l'armée, le 19 novembre avec la mention suivante : A tué, le 9 septembre, trois sentinelles ennemies ; le 1ᵉʳ octobre, un officier prussien ; le 5 en embuscade avec 15 hommes, a mis en désordre une troupe d'infanterie et de cavalerie ; le 13 octobre, a tué deux cavaliers ennemis. Enfin, dans divers combats individuels, il a tué vingt-sept **prussiens.** »

des, prises dans les neiges, feront un pas en arrière. Ce jour, le vengeur se trouvera partout ! partout ! partout (1).

Le bombardement continue avec moins d'intensité. A Montreuil, un marchand de vin a été tué.

4 *Mercredi.* — A Vincennes. Les camarades de l'Ain : Carret, de la Chapelle, Aubert (2), Juin (3), Gros, Paccoud, Edouard Cherel (4).

On a pris aux avant-postes trois soldats allemands

---

(1) Beaucoup de patriotes partageaient alors les mêmes illusions.

Victor Hugo écrivait, dans une proclamation adressée aux Français le 22 septembre : « La France doit à tous les peuples et à tous les hommes de sauver Paris ; non pour Paris, mais pour le monde.

« Que toutes les communes se lèvent ! que toutes les campagnes prennent feu !... Que de chaque maisons il sorte un soldat... Cités, cités, cités, faites des forêts de piques, épaississez vos baïonnettes, attelez vos canons, et toi, village, prends ta fourche. . Les paysans suisses n'avaient que des cognées, les paysans polonais n'avaient que des faux, les paysans bretons n'avaient que des bâtons. Et tout s'évanouissait devant eux !...

« Nous sommes chez nous. La saison sera pour nous. Un nouveau fusil est excellent quand le cœur est bon ; un vieux tronçon de sabre est invincible quand le bras est vaillant. Tout de suite, en hâte, sans perdre une heure, que chacun, riche, pauvre, ouvrier, bourgeois, laboureur, prenne chez lui ou ramasse à terre tout ce qui ressemble à une arme ou à un projectile... »

Il écrivait encore, le 2 octobre, dans une proclamation aux Parisiens : « Deux adversaires sont en présence en ce moment. D'un côté la Prusse, de l'autre Paris. D'un côté la force, de l'autre la volonté. D'un côté une armée, de l'autre un peuple. D'un côté, la nuit, de l'autre, la lumière. C'est le vieux combat de l'Archange et du Dragon qui recommence. Il aura aujourd'hui la fin qu'il a eue autrefois. La Prusse sera précipitée... Oh ! Paris, tu as couronné de fleurs la statue de Strasbourg ; l'histoire te couronnera d'étoiles ! »

(2) Avoué à Gex, décédé en 1897.

(3) Décédé à Bourg, membre de la Chambre de Commerce, trésorier de l'Association des anciens élèves du Lycée.

(4) Décédé en 1907, conservateur des hypothèques au Havre.

égarés, venant des armées de la Loire qui batteraient en retraite depuis huit jours.

Le bombardement du fort de Nogent continue. Quelques projectiles arrivent jusqu'à Vincennes.

5. *Jeudi*. — Le canon tonne toute la nuit. Une attaque du fort de Rosny a été vigoureusement repoussée par l'artillerie de la garde nationale. Le thermomètre est à 12° au-dessous de zéro. Déjeûner à Charenton avec les officiers vendéens : Brémond, Lancier, Normand, etc.

Bombardement épouvantable des forts d'Issy et de Vanves qui répondent énergiquement. Les forts de Montrouge, Nogent et les Hautes-Bruyères luttent également.

On apprend le soir que des obus sont tombés dans le voisinage du Panthéon.

6 *Vendredi*. — La canonnade a été moins intense pendant la nuit.

Le thermomètre est à 0°. Dégel. Le gouvernement fait publier la note suivante :

Bombardement de Paris. — Première Journée

Jeudi soir, 5 janvier.

Le bombardement est commencé. L'ennemi ne se contente pas de tirer sur nos forts, il lance ses projectiles sur nos maisons, il menace nos foyers et nos familles. Sa violence redoublera la résolution de la cité qui veut combattre et vaincre...

La population de Paris accepte vaillamment cette nouvelle épreuve... Elle se montrera digne de l'armée de la Loire qui a fait reculer l'ennemi, de l'armée du Nord qui marche à notre secours.

On annonce le soir que des obus ont atteint le boulevard St-Michel, le jardin du Luxembourg, le Val-de-Grâce, la rue Gay Lussac.

7 *Samedi.* — Beau soleil. En plein dégel. Le bombardement continue ; les forts ripostent en vain. Des projectiles sont tombés à proximité de l'Observatoire, sur la place Saint-Sulpice, dans la rue Soufflot et jusqu'aux Invalides.

L'émotion gagne les quartiers populaires. Dans une courte proclamation aux habitants, Trochu fait appel au courage, à la confiance, au patriotisme.. Rien ne fera tomber les armes de nos mains. Le gouverneur de Paris ne capitulera pas.

Chez les Vendéens ; ils ont reçu l'ordre de se tenir prêts à partir.

8 *Dimanche.* — Bombardement intensif sur le front sud-ouest. On redoute une attaque sur Chatillon.

Soirée chez M. Desportes.

9 *Lundi.* — Le matin, visite des officiers Vendéens.

A Paris, après déjeûner. Des affiches gouvernementales donnent de bonnes nouvelles de la province.

Une première dépêche de Gambetta datée de Lyon, 23 décembre, mentionne que Belfort est approvisionné pour 8 mois, que la ligne Montbéliard-Dôle est bien gardée ; de même de Dôle à Autun et du Morvan à Bourges. On attend les meilleurs résultats de l'armée de Bourbaki. La ténacité de Chanzy a fait lâcher prise aux Prussiens. Le Havre est dégagé ainsi que Rouen.

Une deuxième dépêche de Faidherbe, en date du 3 janvier, annonce qu'une bataille s'est livrée sous Bapaume, de 8 h. du matin à 6 heures du soir, et que les Prussiens ont été chassés de toutes les positions qu'ils occupaient.

On cite de graves accidents produits par le bombardement.

Le bruit court que le prince Charles aurait été tué.

10 *Mardi*. — Le Val-de-Grâce, la Pitié, le Museum ont subi les effets du bombardement.

Au fort de Vincennes. Au café avec Augier et Carret. On cause longuement de nos camarades de classe restés en province : Vicaire, Merle, Vernadet, Cheynier, Baudin, Janin, Carrelet ; de nos professeurs de sciences : Boulangier, nous rappelant qu'il avait fait partie de la garde mobile de Paris, en 1848 ; Brun, nous assurant qu'il fallait oublier sept fois sa géométrie avant de la posséder à fond ; Joz, présidant l'excellent déjeûner que nous fîmes à la suite d'une excursion géologique en Revermont...

On parle aussi de nos promenades du dimanche et du jeudi, si animées l'été dans les prés qui bordent la Reyssouze, si tristes l'hiver où des bandes de corbeaux prenaient leurs ébats dans les champs couverts de neige ; de la visite de l'inspecteur général Duruy au cours de M. Peingeon où il remarqua plusieurs dessins, entre autres ceux de Carret (1) ; des ouvrages de Lamartine, Hugo, Musset, subrepticement introduits au Lycée ; de l'*Eloge du prince Jérôme* proposé au concours général des Lycées de Paris ; d'une soirée très intéressante d'improvisations, de lectures et de chants (2).

En rentrant, des obus tombent dans le bois, passant au dessus de la redoute de Gravelles.

Bombardement de Joinville, pendant la nuit.

---

(1) Carret a toujours eu les premiers prix de dessin : décédé ingénieur agent-voyer de la ville de Bourg.

(2) J'ai encore la copie de l'*Eloge du prince Jérôme* par Jacques

11 *Mercredi.* — A Vincennes avec Bodin (de Chala-
mont), Rochet, Vaulpré et Guillon. Un projectile est
tombé sur la caserne du Fort Neuf, sans causer de dégâts.

Richard. Il comprend quinze strophes. En voici quelques-unes :

Ut declamatio fias !

Juvénal, sat. X.

Vous voulez que prenant cette vie au passage
La muse de l'histoire y porte son flambeau !
Vous ne comprenez pas qu'il eut été plus sage
De laisser reposer cet homme en son tombeau.

Vous ne comprenez pas que nos veilles muettes
Ont de chacun de nous fait un républicain,
Que nous supportons mal nos fers ; que nos poètes
Ce sont les Juvénal, les Hugo, les Lucain !

Vous ne comprenez pas que pour des jours prospères
Nous réservons nos chants avec un soin jaloux :
Qu'il en est, parmi nous, peut-être dont les pères
Furent crucifiés par vos maîtres, à vous.

Donc à propos d'un toit effondré qui s'écroule
D'un débris surnageant qui tombe au fond de l'eau ;
A propos d'un zéro disparu de la foule
Il faut parler de vous, ô morts de Waterloo.

S'il faut à ce vieux roi qui dort aux Invalides,
Vieux fou qu'hier encore sa maîtresse battait
Quelques vers bien frappés, quelques hymnes splendides
Nous en laissons la gloire à Monsieur Belmontet.

De la séance d'improvisation où furent dites plusieurs chansons de
Pierre Dupont, j'ai retenu les vers suivants improvisés sur les mots :
rat, scélérat, ruche, cruche, proposés par un assistant.

Ainsi qu'en un filet mordillé par un *rat*
Je disloque les vers comme un franc *scélérat* :
Des refrains les plus doux je me fais une *ruche*
Et j'ai bien peur, messieurs, d'être traité de *cruche.*

Dragons et lanciers mis à pied, leurs chevaux ayant été mangés.

Les batteries d'artillerie quittent le fort. Les zouaves sont encore à Avron.

Des journaux publient la déclaration suivante faite par Chevreul, directeur du Muséum, dans la séance de l'Académie des sciences de lundi dernier :

Le Jardin des Plantes médicinales, fondé à Paris, par édit du roi Louis XIII, à la date du mois de janvier 1626.

Devenu le Muséum d'histoire naturelle par décret de la Convention du 10 juin 1793,

Fut bombardé,

Sous le règne de Guillaume Ier, roi de Prusse, comte de Bismarck, chancelier,

Par l'armée prussienne, dans la nuit du 8 au 9 janvier 1871.

Jusque-là, il avait été respecté de tous les partis et de tous les pouvoirs nationaux et étrangers.

12 *Jeudi*. — Les coups redoublent dans la direction de Nogent. Les projectiles arrivent sur Vincennes : Plusieurs personnes tuées dans les bois.

Les troupes sont prêtes à partir sans les sacs.

On dit le soir que des obus sont tombés sur l'Ecole militaire et les Invalides.

Le bruit court que le général Schmitz, le chef d'état-major de Trochu, serait un espion.

13 *Vendredi*. — Inventaire général de tout ce qui a été reçu du Ministère de la guerre.

Le bombardement se ralentit soudain, mais il reste actif sur Saint-Maur, Gravelle et Nogent.

14 *Samedi*. — Le bombardement a continué toute la nuit du côté de Nogent.

Dîner chez M. Dumesnil : gibelotte de chat, rôti de chien rappelant le veau. Un aumônier de la Marine nous parle de ses voyages au cap Horn et en Chine.

Le *Journal officiel* publie la note suivante :

Bombardement (10e journée).

Le bombardement de la ville s'est étendu dans les quartiers de la rue Monge, Saint-Sulpice et de la rue de Varennes. Il a été beaucoup moins vif contre les forts du sud et les avancées.

Les mesures de surveillance les plus rigoureuses ont été ordonnées pour repousser toute attaque de l'ennemi pendant la nuit.

15 *Dimanche*. — Les marins du fort d'Issy font vaillamment leur devoir. Les casernes sont incendiées. Des batteries sont installées en avant des forts du sud qui sont intenables. On s'attend à une attaque de nuit en raison de la Saint Guillaume.

Les marins ont acclamé Trochu qui s'est rendu à cheval au fort de Montrouge fortement endommagé.

L'infanterie de marine quitte Charenton.

16 *Lundi*. — Saint Guillaume. Epouvantable canonnade au sud de Paris et vers la boucle de la Marne. Elle persiste toute la journée et continue la nuit.

La température qui, depuis plusieurs jours était au-dessous de zéro est remontée à la glace fondante.

Anniversaire de ma naissance : 26 ans, suis-je déjà si loin de mes premières sorties du pays natal ; si loin des visites à la famille de la grand'mère à Cormoz, dans le char-à-banc du grand père, à travers la grande forêt du Villars où l'on rencontrait encore des loups ; si loin des foires de la Saint-Jean, à Chalon, où j'allais avec l'oncle (1) ; si loin du voyage chez les parents de Saint Etienne et de Saint-Chamond : on s'y rendait par Bourg, Saint-Paul-de-Varax, Lyon et l'on revenait en remontant

_____

(1) Tous les tanneurs de la région s'y retrouvaient : la place de l'Hôtel-de-Ville était encombrée de cuirs ; il y en avait jusqu'aux marches de la Cathédrale.

la Saône de Lyon à Fleurville Pont-de-Vaux où l'on retrouvait le grand père qui nous ramenait à Saint-Julien, par Saint-Jean, en passant sur le *Pont de l'Enfer*.

17 *Mardi*. — Canonnade toujours intense.

A Paris, avec M. Bourguignon. Il circule des nouvelles favorables. Retour par l'omnibus de Bercy.

Un obus a brisé la barrière de fer servant de parapet au pont d'Austerlitz.

Grands mouvements de troupes à Bercy.

Les mobiles de la Seine et de la Vendée ont quitté Charenton.

Une tentative de l'ennemi sur le Moulin Saquet a été énergiquement repoussée.

On a enlevé les poudres du fort d'Ivry.

La ration de pain est fixée à 300 grammes pour les adultes et à 150 gr. pour les enfants au-dessous de cinq ans.

A 8 h. 1/2, vive fusillade en avant de Créteil, où se montrent des prussiens.

18 *Mercredi*. — Le vent est encore aux bonnes nouvelles.

Canonnade moins forte qu'hier.

Nos batteries tiennent tête aux batteries prussiennes de Clamart et Meudon.

Le soir, incendie dans la direction de Champigny.

Grands mouvements de troupes au sud-ouest de Paris.

19 *Jeudi*. — Canonnade au matin, du côté de Clamart. Elle se ralentit vers 9 heures.

Départ des troupes de Charenton suivies de nombreux cacolets.

Enthousiasme des soldats et en particulier de la garde nationale.

Proclamation du Gouvernement au peuple de Paris

L'ennemi tue nos femmes et nos enfants ; il nous bombarde jour et nuit ; il couvre d'obus nos hôpitaux. Un cri : Aux armes ! est sorti de toutes les poitrines.

Ceux d'entre vous qui peuvent donner leur vie sur le champ de bataille marcheront à l'ennemi ; ceux qui restent, jaloux de se montrer dignes de l'héroïsme de leurs frères, accepteront au besoin les plus durs sacrifices comme un autre moyen de se dévouer pour la Patrie.

Souffrir et mourir, s'il le faut ; mais vaincre.

Vive la République !

Le rapport suivant de Trochu au Ministre de la guerre nous est remis dans la soirée.

Mont-Valérien, 19 janvier, 10 heures du matin

Concentration très difficile et laborieuse pendant une nuit obscure. Retard de deux heures de la colonne de droite. Sa tête arrive en ligne en ce moment. Maisons Béarn, Armengaud et Pozzo di Borgo immédiatement occupées. Long et vif combat autour de la redoute de Montretout. Nous en sommes maîtres. La colonne Bellemare a occupé la maison du curé et pénétré par la brèche dans le parc de Buzenval. La colonne de droite (général Ducrot) soutient vers les hauteurs de la Jonchère un vif combat de mousqueterie. Tout va bien jusqu'à présent.

Sur ces dernières affirmations, l'espoir renaît et les hypothèses suivent : on suppose que Chanzy est près de Versailles et que l'on se porte à sa rencontre.

Pendant la nuit, fusillade et canonnade dans la direction de Rosny.

20 *Vendredi.* — Brouillard intense au matin. D'après le *Journal Officiel*, nous aurions abandonné, hier au soir, *nos positions les plus avancées* : « L'ennemi que nous avons surpris le matin a, vers la fin du jour, fait

converger sur nous des masses d'artillerie énormes avec ses réserves d'infanterie. Nos pertes sont sérieuses. Si la bataille du 19 janvier n'a pas donné les résultats que Paris pouvait en attendre, elle est l'un des événements les plus considérables du siège, l'un de ceux qui témoi-
ﬀgnent le plus hautement de la virilité des défenseurs de la capitale. »

Un pigeon aurait apporté des nouvelles non encore déchiffrées.

A Paris, après déjeuner, pour avoir des renseigne-ments plus précis.

Anxiété de la population. Aucune affiche nouvelle à la Bourse et à l'Hôtel de Ville.

Le bruit court de la reprise du Bourget et des hau-teurs de Garches.

Le général Chanzy serait refoulé derrière la Mayenne.

Une demande d'armistice pour l'enlèvement de nos blessés et l'enterrement de nos morts aurait été refusé par l'ennemi.

21 *Samedi*. — D'après une dépêche officielle de Bor-deaux, datée du 14 janvier : « Le général Chanzy après deux jours de brillantes batailles près du Mans, a dû se replier derrière la Mayenne, mais il reprendra l'offensive sous peu de jours. Le général Bourbaki est près de Bel-fort, il a gagné une première bataille à Villersexel et une seconde avant-hier : Vesoul et Lure sont évacuées. Le général Faidherbe a eu encore quelques succès.

Canonnade toute la soirée du côté de Bicètre.

Les mobiles de la Bretagne rentrent à Charenton.

A 8 heures, vive fusillade en avant de Créteil ; les Hautes-Bruyères, le Moulin Saquet et le fort de Charenton se mettent de la partie. A 8 heures 20, la fusillade cesse.

Bombardement de Saint-Denis pendant la nuit.

22 *Dimanche*. — Canonnade sur les forts du sud. Le bombardement continue sur Saint-Denis.

Il nous vient de tristes nouvelles de Paris. La prison de Mazas a été forcée pendant la nuit par des bandes de Belleville qui ont délivré Flourens.

Il y a des barricades dans plusieurs rues ; les omnibus sont arrêtés, la circulation des voitures interrompue. L'Hôtel-de-Ville a été envahi aux cris de « Vive la Commune », malgré l'intervention des mobiles. L'arrivée de troupes avec des mitrailleuses a dispersé les émeutiers. Il y a des morts et des blessés.

Le titre et les fonctions de gouverneur de Paris sont supprimés. Le général Vinoy est nommé commandant en chef de l'armée.

23. *Lundi*. — Visite à l'Hôtel de Ville : vitres cassées, statues endommagées.

Le bombardement continu au sud de Paris, à Nogent, à Saint-Denis, sur le fort de Vincennes, sur Gravelles et la Faisanderie.

Les troupes qui avaient quitté Charenton viennent reprendre leurs anciens cantonnements.

Les journaux *Le Combat* et *Le Réveil*, excitent la population contre le Gouvernement.

24 *Mardi*. — Le général de Valdan est nommé chef d'Etat-major général de l'armée. Bombardement de Vincennes. Evacuation des casernes du Fort-Neuf.

On signale une batterie ennemie nouvellement installée en avant du fort de Charenton.

.Nous apprenons la mort du médecin principal de
1ʳᵉ classe Coindet (1).

25. *Mercredi.* — Promenade à la Faisanderie et à
Gravelles. Le sifflement des obus. Explosion dans les
bois.

Visite de l'ambulance de la maison de Santé de Charenton.

Le bombardement de Saint-Denis causerait beaucoup
de dégâts. On discute, après dîner, sur les chances d'une
trouée.

Pendant la nuit, on entend au loin, l'explosion des
obus.

26 *Jeudi.* — Nouvelles terrifiantes de source allemande :

Chanzy serait repoussé jusqu'à Rennes, Faidherbe
serait rejeté dans Lille, Bourbaki en retraite, Gambetta
tué.

A Paris, aux renseignements.

Grande animation sur les boulevards. On parle de
traiter, mais sans capituler.

Rassemblement autour d'un tableau : « Les malfaiteurs Guillaume, Bismarck et Bonaparte au gibet de
l'histoire. »

J. Favre serait à Versailles pour les conditions de la
paix. On parle d'un versement de 6 milliards, de l'occupation de l'Alsace et de la Lorraine pendant 10 ans,

---

(1) Coindet (Léon) né à Orchie (Nord), en 1828, est mort le 24 janvier, des suites de blessures reçues le 22.

Il était du corps expéditionnaire du Mexique et a publié en 1867
un ouvrage *Le Mexique*, extrêmement intéressant et trop peu
connu.

puis, après ce délai de l'option pour la France ou la Prusse. On dit aussi que l'Alsace nous resterait avec l'abandon de l'Algérie. Les puissances étrangères interviendraient.

Le bombardement s'est ralenti sur Paris, mais il continue très violent sur Saint-Denis et Vincennes.

Le soir à 10 heures. Rosny riposte énergiquement.

27 *Vendredi.* — Calme absolu.

Le *Journal Officiel* fait connaître que tout espoir étant perdu de voir les armées de province se rapprocher de Paris, le gouvernement a le devoir absolu de négocier et que des négociations ont lieu en ce moment.

Un armistice a été arrêté ayant pour but la réunion immédiate d'une Assemblée nationale. Pendant cet armistice, l'armée allemande occupera les forts mais n'entrera pas dans l'enceinte de Paris. Aucun soldat ne sera emmené hors du territoire.

Margantin, médecin aide major aux chasseurs à pied, nous apprend que tous les chefs de corps ont été convoqués ce matin. Il y aurait des intrigues Orléanistes en province ; Guillaume a été sacré empereur le 18 ; Gambetta serait emprisonné.

28 *Samedi.* — Partout silence de mort. L'armistice serait de 21 jours : les troupes désarmées resteront dans Paris.

A Vincennes, chez le sous-intendant militaire **Marchal.**

Des canons reviennent de Nogent. Evacuation du fort de Charenton. Consternation et abattement des marins. Le commandant du fort atteint de variole, se fait transporter à Paris.

M. Bourguignon malade.

29. *Dimanche.* — L'*Officiel* donne les conditions de la capitulation :

Paris doit livrer ses forts, désarmer son enceinte, livrer ses armes sauf celles de la garde nationale et d'une division de 12.000 hommes.

L'armée déclarée prisonnière de guerre restera dans Paris ; les officiers garderont leur épée. La ville doit payer une indemnité de guerre de 200 millions.

Pendant l'armistice une Assemblée nationale librement élue sera convoquée à Bordeaux ; elle décidera la question de guerre où les conditons de la paix.

Les troupes employées dans le service municipal (gendarmerie, garde républicaine, douaniers et pompiers) conserveront leurs armes ; leur effectif ne devra pas excéder 3.500 hommes. Tous les corps de francs-tireurs seront dissous.

Pendant l'armistice, l'armée allemande n'entrera pas dans Paris.

L'*Officiel* publie également une note du gouvernement sur l'état des vivres à Paris le 28 janvier, au moment où les négociations furent entamées pour la conclusion de l'armistice.

Le gouvernement a annoncé qu'il donnerait la preuve irréfragable que Paris a poussé la résistance jusqu'aux extrêmes limites du possible... Le 27 janvier, c'est-à-dire huit jours après la dernière bataille livrée sous nos murs et jusqu'au moment où nous apprenions les insuccès de Chanzy et de Faidherbe, il restait en magasin 42.000 quintaux métriques de blé, orge, seigle, riz et avoine, ce qui représente 35.000 quintaux métriques de farine panifiable, soit, d'après le dernier rationnement, un approvisionnement pour sept jours. Depuis l'épuisement de nos réserves de boucherie, nous avons vécu en mangeant du cheval. Il y avait 100.000 chevaux à Paris. Il n'en reste plus que 33.000... En ce moment, nous consommons, avec l'armée, 650 chevaux par jour : 25 gr. de viande de cheval, 300 gr. de pain, voilà la nourriture dont Paris se contente à l'heure qu'il est.

Toutes les mesures ont été prises pour que nous ne restions pas un seul jour sans pain. Nous avons le ferme espoir, nous avons la certitude que la famine sera évitée à deux millions d'hommes, de femmes et d'enfants Le devoir sacré de pousser la résistance aussi loin que les forces humaines le comportent nous a obligé de tenir tant que nous avons eu un reste de pain. Nous avons cédé, non pas à l'avant-dernière heure, mais à la dernière.

Les mobiles de la Vendée reçoivent l'ordre de quitter Charenton à midi.

Rentrée des régiments campés en avant de Créteil (gardes nationaux, mobiles, chasseurs...)

Des soldats refusent de rendre leurs armes.

Le fort de Charenton est occupé par l'ennemi à 2 heures.

Toutes les troupes, sauf quelques retardataires, sont rentrées dans Paris lorsque les prussiens envahissent Charenton.

On entend leurs musiques et leurs hourras. Ils ne viennent pas jusqu'à nous, l'asile étant dans la zône neutre qui entoure les remparts.

3o *Lundi*. — Des médecins allemands se présentent à la grille de l'asile. Le concierge Richelet, ancien soldat, leur fait connaître que l'établissement n'est ouvert au public que trois fois par semaine et que les militaires doivent être sans armes. Ils n'insistent pas.

On nous rapporte qu'au dehors, la curiosité des femmes est grande. Quelques-unes trouveraient même nos ennemis charmants. Devons-nous revoir ce qu'a flétri Auguste Barbier :

> J'ai vu jeunes français, ignobles libertines
> Nos femmes, belles d'impudeur,
> Aux regards d'un cosaque étaler leurs poitrines
> Et s'enivrer de son odeur.

Un capitaine de frégate (1), ne voulant pas quitter son poste, se tue au fort de Montrouge. Un vieux marin s'ouvre le ventre avec son couteau.

---

(1) De Larret Lancalignie.

31 *Mardi.* — Un officier supérieur prussien a été tué par un jardinier d'Alfort. On enlève les armes dans toutes les maisons de Charenton.

Le bruit court que le général Bourbaki s'est fait sauter la cervelle.

Il serait resté beaucoup de vivres, notamment du lard, dans quelques forts évacués.

En exécution de la Convention du 28 janvier, un service postal pour des lettres *non cachetées* est organisé entre Paris et les départements, par l'intermédiaire du *quartier général de Versailles.*

FÉVRIER 1871

1er *Mercredi.* — On travaille activement au rétablissement de la voie ferrée de Lyon.

A la Bibliothèque. Etudes historiques. Les guerres de Louis XIV.

2 *Jeudi.* — Apparition du *Mot d'Ordre* de Rochefort.

A la Bibliothèque. Les guerres de la République et de l'Empire.

3 *Vendredi.* — A la bibliothèque. La Campagne de 1814; la bataille de Waterloo.

De Waterloo, mes pensées vont à Sainte-Hélène et à quelques souvenirs de la maison paternelle : les portraits des maréchaux Oudinot, Kellermann, Masséna, Lannes ; la bataille de Somo-Sierra ; les *Etrennes militaires* pour l'année 1807 contenant un état de toutes les forces de terre et de mer de l'Empire français, avec la division de la France en 110 départements. Je revois dans son grand cadre noir, une gravure dont j'ai conservé les moindres détails : au centre, dans un nuage, Napoléon entouré de petits génies ailés, plane au dessus du tombeau entr'ouvert de Sainte-Hélène ; à droite un dragon menaçant fuit derrière la France assise sur un lion ; à gauche, devant des drapeaux amoncelés sur le sol, de vieux invalides ont les yeux larmoyants fixés sur leur empereur.

Au dessous sont les vers suivants :

A droite :

Tranquille et forte après tant d'orages funestes
La France peut songer à ses jours de grandeur
A la terre d'exil elle arrache les restes
De son immortel Empereur.

A gauche :

De cent drapeaux conquis lui faisant un linceul
Près de ses vieux soldats, vainqueurs des Pyramides
La France entière en pleurs érige son cercueil
Sous le dôme des Invalides (1).

4 Samedi. — On entend une forte détonation paraissant provenir d'une explosion. On annonce l'arrivée d'Angleterre d'un grand convoi de vivres.

5 Dimanche. — En tête à tête avec La Bruyère :

L'Esclave n'a qu'un maître, l'Ambitieux en a autant qu'il y a de gens utiles à sa fortune.

De biens des gens il n'y a que le nom qui vaille quelque chose. Quand vous les voyez de fort près, c'est moins que rien ; de loin, ils en inspirent.

---

(1) J'étais loin de prévoir, alors, qu'en 1889, j'habiterai l'Hôtel des Invalides et que je serai, après le gardien du tombeau, le plus proche voisin du grand Empereur.

La modestie est au mérite ce que les ombres sont aux figures dans un tableau : elle lui donne de la force et du relief.

Il n'y a rien de si délié, de si simple et de si imperceptible où il n'entre des manières qui nous décèlent.

Le motif seul fait le mérite des actions des hommes et le désintéressement y met la perfection.

Pour gouverner quelqu'un longtemps et absolument, il faut avoir la main légère et ne lui faire sentir le moins qu'il se peut sa dépendance.

Il n'est pas ordinaire que celui qui fait rire se fasse estimer.

6. *Lundi.* — Avec La Bruyère :

Il ne faut presque rien pour être cru fier, incivil, méprisant, désobligeant : il faut encore moins pour être estimé tout le contraire.

La moquerie est souvent indigence d'esprit.

Le manieur d'argent, l'homme d'affaires est un ami qu'on ne saurait apprivoiser.

C'est rusticité que de donner de mauvaise grâce ; le plus fort et le plus pénible est de donner : que coûte-t-il d'y ajouter un sourire.

L'esprit de parti abaisse les plus grands hommes, jusqu'aux petitesses du peuple.

La moquerie est de toutes les injures celle qui se pardonne le moins.

Il y a une espèce de honte d'être heureux à la vue de certaine misère.

Celui qui aime le travail a assez de soi-même.

L'une des marques de la médiocrité de l'esprit est de toujours conter.

Il n'y a point de chemin trop long à qui marche lentement et sans se presser : il n'y a point d'avantages trop éloignés à qui s'y prépare par la patience.

7 *Mardi.* — A la Mairie de Saint-Maurice, pour le vote de demain.

Le Maire a reçu des autorités allemandes des instructions relatives aux réunions publiques et aux communications télégraphiques. Pour un fil coupé, il y a une amende de 10 francs par citoyen.

Le directeur a des ennuis au sujet d'un prussien qui a pénétré de force dans l'asile.

8 *Mercredi*. — Vote à la Mairie de Saint Maurice. Difficulté d'établir une liste électorale comprenant 43 noms.

Je me suis arrêté aux suivants :

Arnaud (de l'Ariège)
Berthelot.
Blanc (Louis).
Brisson (Henri).
Chatrian.
Coquerel (Athanase).
Delord (Taxile).
Desmarets.
Dorian.
Erckmann.
Favre (Jules).
Gambetta.
Garibaldi
Garnier-Pagès.
Glaiz-Bizoin.
Hérold.
Hervé.
Hugo.
Joigneaux (Paul).
Lanfrey.
Laurier.
Lauth (Charles).
Lavertujon.
Le Berquier.
Lemoine (John).
Littré.
Magnin.
Martin (Henri).
Pelletan (Eug.).
Perier (Casimir).
Picard (Ernest).
Quinet.
Ranc.
Rochefort.
Saisset (Amiral).
Sauvage (de l'Est).
Say (Léon).
Sébert.
Ténot (Eug.).
Simon (Jules).
Thiers.
Uhrich (Général).
Vacherot.

9 *Jeudi*. — Emotionnantes nouvelles de la famille datées du 3. Mes lettres par ballon sont arrivées. Tout le monde en bonne santé. Notre département n'a pas été envahi. Mon frère puîné est caporal au 5e bataillon des mobiles de l'Ain ; le plus jeune doit s'engager au

11e chasseurs à cheval dont l'état major est à Saint-Julien.

De nombreux régiments prussiens arrivent à Charenton. Les fenêtres, les portes, les chaises sont brisées et brûlées. Des objets de valeur (meubles, livres, pendules...) sont emballés et expédiés en Allemagne.

10 *Vendredi*. — Lettre de mon frère, datée de Granville 2.

Il me donne des détails sur le déplacement de son bataillon, sur les pertes occasionnées par un accident de chemin de fer, sur nos camarades du Lycée, sur les jeunes gens de notre commune et du canton.

A la bibliothèque. Lectures relatives à la Prusse : ses origines, les causes de sa grandeur, la Révocation de l'Edit de Nantes et l'apport des idées françaises.

On est informé, par le service des postes, que les lettres peuvent être dorénavant cachetées.

11 *Samedi*. — On discute le résultat des élections de Paris.

Les partis avancés ont la majorité : Delescluze, Pyat, Martin-Bernard, Greppo, Clemenceau, Floquet, Tirard, Razoua, Tolain, Millière... Il n'y a que 18 noms de ma liste (précédés plus haut d'un astérisque).

12. *Dimanche*. — Déjeûner avec MM. Desportes et Bourguignon : beurre, œufs, veau, faisan..... Quel régal !

Résultats des élections en province : neuf noms de ma liste (marqués de deux astérisques). Thiers nommé dans 26 départements.

13 *Lundi*. — Quelques coups de canon dans le loin-

tain. Comment les prussiens entendent l'armistice. Le pillage méthodique continue à Charenton.

Lectures historiques.

14 *Mardi.* — Hier, première séance de l'Assemblée de Bordeaux ; fin du Gouvernement de la Défense nationale.

On nous annonce la dislocation de notre ambulance.

15 *Mercredi.* — Ordre de départ de Ducoudray, Escudier, Morelot, Théveny, Morisson, Barbelet, Carret, Lecoin, Ficheux. Tous restent à Paris à l'exception de Théveny qui se rend dans son pays natal au Plancy (Aube).

Un éclaireur de la Seine, récemment licencié, est frappé de deux coups de couteau par des Prussiens.

Sensationnel article de Michel Chevalier sur Gambetta et Danton.

16 *Jeudi.* — Touchants adieux des camarades. Ce n'est pas en vain que l'on vient de passer cinq mois dans la plus entière camaraderie. On a échangé quelques souvenirs : Thèses, photographies... On s'est promis de se revoir, de s'écrire... (1)

---

(1) Je n'ai eu de relations suivies qu'avec Fabre.

Le Dr Paul Fabre, membre correspondant de l'Académie de médecine, chevalier de la Légion d'honneur, habite Commentry où il est depuis plus de 20 ans à la tête du *Centre médical et pharmaceutique,* un des organes les plus réputés de la presse scientifique de province.

J'ai revu Leroy à Amiens, en 1889, à un dîner officiel donné par le général en chef du 2e corps (de Cools). Il accompagnait l'évêque dont il était secrétaire général ; il est mort chanoine de la cathédrale.

Plus tard, j'ai retrouvé Le Coin, à Paris, peu après la mort de sa

L'Armistice est prolongé jusqu'au 24.

Les Prussiens cherchent à pénétrer dans l'Asile. Ils ont occupé une partie de la maison de M. Desportes.

17 *Vendredi.* — Détonations dans les forts attribuées à des explosions de torpilles. A la bibliothèque.

Déclaration des Députés Alsaciens et Lorrains, Scheurer-Kestner, Saglio, Bamberger, Gambetta, Grosjean.... déposée à l'Assemblée nationale de Bordeaux, le 17 février 1871.

Nous soussignés, citoyens français, choisis et députés par les départements du Haut, du Bas-Rhin, de la Moselle et de la Meurthe pour apporter à l'Assemblée nationale de France, l'expression de la volonté unanime des populations de l'Alsace et de la Lorraine

.... Nous proclamons par les présentes, à jamais inviolables, le droit des Alsaciens et des Lorrains de rester membres de la nation française et nous jurons tant pour nous que pour nos commettants, nos enfants et leurs descendants de le revendiquer éternellement et par toutes les voies envers et contre tous les usurpateurs.

18 *Samedi* — A la bibliothèque. Quelques extraits d'un *Recueil de Pensées choisies :*

De Fénélon :

On se perd en se donnant trop aux autres. On se retrouve quand on sait être un peu seul.

Il faut mériter les louanges et les fuir.

De Labruyère :

La générosité consiste moins à donner beaucoup qu'à donner à propos.

La religion rend la mort douce.

---

femme, une d'Orbigny ; il vient de s'éteindre, terrassé par une longue maladie dans la maison qui l'a vu naître.

Dumesnil, Desportes, Bourguignon sont morts à Saint-Maurice-Charenton ; Lambotin, au Plancy ; Escudier, à Espalion ; Barbelet, à Dourdan ; Delaporte, à Paris.

Morts aussi, Bergeron, Cauchy, Denis... D'après les derniers *Annuaires de Médecine*, Gaspois et Morisson exerceraient encore à Paris ; Morelot, à Dijon et Ficheux, dans le Pas-de-Calais.

Théveny est député de l'Aube.

L'ennui est entré dans le monde par la paresse... Celui qui aime le travail a assez de soi-même.

De Bossuet :

Une des choses qu'il faut imprimer le plus fortement dans l'esprit des hommes, est l'estime et l'amour de leur Patrie.

Ce sont les grands hommes qui font la force d'un empire.

19 *Dimanche.* — A la bibliothèque.

De Pascal :

Rien n'est si insupportable à l'homme que d'être dans un plein repos, sans passion, sans affaire, sans divertissement, sans application.

De Mme Sévigné :

La lecture nous sauve du malheur extrême d'être livré à l'ennui et à l'oisiveté.

La jolie, l'heureuse disposition que d'aimer à lire : on est au-dessus de l'ennui et de l'oisiveté, deux vilaines bêtes.

J'ai toujours aimé la lecture et de bonne heure j'ai contracté l'habitude de prendre des notes. Dans mon enfance, j'ai parcouru plusieurs fois la collection des Almanachs de Strasbourg, depuis 1825 ; les *Aventures de Robinson Crusoé* ; les *Conquêtes du grand Charlemagne, roi de France* ; les *Fables illustrées d'Esope* ; les *Récits moraux d'Ambroise Rendu* ; la *Bibliothèque illustrée d'enseignement élémentaire* (1)... Je me souviens moins des Evangiles que je savais par cœur.

20 *Lundi.* — Entretien avec M. Lapointe, inspecteur au P. L. M.

---

(1) Cette bibliothèque comprenait une série de petits ouvrages illustrés, très instructifs : Morceaux choisis de littérature en prose et en vers ; Une lecture pour chaque dimanche ; Biographie des hommes utiles ; Principales découvertes et inventions ; Merveilles de la nature et de l'art ; Erreurs et préjugés ; Civilité chrétienne ; Abrégé d'histoire de France, etc.

La défense en province. La brochure du général
Coffinière, sur ce qui s'est passé à Metz.

21 *Mardi*. — Extraits des *Odeurs de Paris*, de Louis
Veuillot :

La libre pensée est un renard qui sait toujours parfaitement où et
quand il convient d'avoir un rhume de cerveau.

Le voyou, le parisien naturel ne pleure pas, il pleurniche, il ne rit
pas, il ricane ; il ne plaisante pas, il blague ; il ne danse pas, il cha-
hute ; il n'est pas amoureux, il est libertin.

22 *Mercredi*. — Visite à Mme Bourguignon, arrivée
hier soir de province.

Quelques détails sur la vie dans les campagnes.

23 *Jeudi*. — Prolongation de l'armistice jusqu'au dimanche 26 à minuit.

Thiers est à Versailles, en conférence avec Bismarck.

Quelques extraits de *Un million de rimes gauloises*,
par Alfred de Bougy.

> Ce n'est pas assez de tout lire,
> Il faut digérer ce qu'on lit.
>> BOUFFLERS.

> Qui fait des vers comme un Catulle
> Vit rarement comme un Caton.
>> COLLETET.

> Bâtir châteaux, courir grands tables
> Faire l'amour, coucher gros jeu
> Sont grands chemins qui délectables
> Conduisent l'homme en pauvre lieu.
>> ANTOINE DE COTEL.

> L'adversité souvent est une heureuse école.
>> THÉVENEAU.

> Ne parler jamais qu'à propos
> Est un rare et grand avantage.
> Le silence est l'esprit des sots,
> Et l'une des vertus du sage,
>> DE BONNARD.

Il n'est point de petit chez soi !
Ducis

24 *Vendredi.* — Anniversaire de la République de 1848.

Je me rappelle vaguement un grand banquet en son honneur, sur la place de Saint-Julien. C'était bien, comme l'a écrit Michelet, une sorte de fête religieuse où toute la population était mêlée : hommes, femmes, enfants.

Des souvenirs plus lointains remontent à l'enterrement d'un brigadier de gendarmerie où des coups de fusil furent tirés au cimetière et jusqu'à la Saint-Philippe du 1er mai 1847, radieuse journée aux toilettes printannières. Je n'avais pas trois ans. C'était l'âge qu'avait mon père lors de l'invasion de 1814, dont il a conservé quelques souvenirs.

25 *Samedi.* — Extraits de *Couleuvres et Satires*, de Louis Veuillot (livre prêté par Fabre.)

> En prose, l'on enseigne et l'on prie et l'on pense ;
> En prose l'on combat. Les vers les plus heureux
> Sont faits par des rêveurs ou par des amoureux.
> Dans les nobles dessins dont l'âme est occupée,
> Les vers sont les clairons, mais la prose est l'épée.

> Rien ne vaut un vers dru qui se tient par lui-même.

> Souvent un grand péril retrempe le courage.

Dîner chez les Bourguignon.

26 *Dimanche.* — Manifestations autour de la Colonne de Juillet.

Inquiétudes parisiennes, l'armistice finissant à minuit. Les tambours battent pendant la nuit et le tocsin se fait entendre,

27. *Lundi.* — A Paris avec Fabre. Les conditions

de la paix seraient très dures. L'effervescence va en croissant. Hier, un homme a été ligoté et jeté dans le canal en présence d'une foule agitée.

En traversant la place de la Bastille pour rentrer à Charenton, nous sommes fortement ému en voyant un immense drapeau rouge flotter sur la colonne de Juillet.

28 *Mardi*. — L'agitation dans Paris est extrême nous ne recevons plus de journaux.

Quelques pensées de François VI, duc de la Rochefoucauld :

Nous aimons toujours ceux qui nous admirent ; et nous n'aimons pas toujours ceux que nous admirons.

L'amour-propre est le plus grand de tous les flatteurs.

Rien n'empêche tant d'être naturel que l'envi que l'on a de le paraître.

On n'est jamais si heureux ni si malheureux que l'on pense.

Rien n'est plus rare que la véritable bonté ; ceux même qui croient en avoir, n'ont ordinairement que de la complaisance ou de la faiblesse.

Un sot n'a pas assez d'étoffe pour être bon.

L'esprit est toujours la dupe du cœur.

Il y a de certains défauts, qui bien mis en œuvre, brillent plus que la vertu même.

On aime à deviner les autres, mais on n'aime pas à être deviné.

Il y a du mérite sans élévation, mais il n'y a point d'élévation sans quelque mérite.

L'envie est plus irréconciliable que la haine.

La galanterie de l'esprit est de dire des choses flatteuses d'une manière agréable.

La faiblesse est le seul défaut qu'on ne saurait corriger.

Le désir de paraître habile empêche souvent de le devenir.

Le trop grand empressement que l'on a de s'acquitter d'une obligation est une espèce d'ingratitude.

Ce qu'on nomme libéralité n'est le plus souvent que la vanité de donner, que nous aimons plus que ce que nous donnons.

Peu de gens sont assez sages pour subir le blâme qui leur est utile, à la louange qui les trahit.

Il y a des reproches qui louent et des louanges qui médisent.

L'art de savoir bien mettre en œuvre de médiocres qualités, dérobe l'estime et donne souvent plus de réputation que le véritable mérite.

Il est plus aisé d'être sage pour les autres, que de l'être pour soi-même.

La timidité est un défaut dont il est dangereux de reprendre les personnes qu'on en veut corriger.

Il suffit quelquefois d'être grossier pour n'être pas trompé par un habile homme.

La parfaite valeur est de faire sans témoins ce qu'on serait capable de faire devant tout le monde.

La vertu n'irait pas si loin si la vanité ne lui tenait compagnie.

MARS 1871

1er *Mercredi*. — A 10 heures, entrée des Prussiens dans Paris.

> Ah ! pour qui porte un cœur sous la mamelle
> Ce jour pèse comme un remord ;
> Au front de tout Français, c'est la tache éternelle
> Qui ne s'en va qu'avec la mort (1).

Calme relatif de la population. Chez le Dr Foucher de St-Mandé, en compagnie de Fabre.

Premiers symptômes de la sève printanière : le bois commence à renaître.

2 *Jeudi*. — Paris en deuil. Hier, à Bordeaux, ratifi-

(1) Barbier, Iambes. L'*Idole*.

cation des préliminaires de paix. Les députés alsaciens-lorrains quittent l'Assemblée nationale. Leurs adieux : « Vos frères d'Alsace et de Lorraine, séparés en ce moment de la famille commune, conserveront à la France absente de leurs foyers une affection filiale jusqu'au jour où elle viendra y reprendre sa place. »

Les Prussiens ont quitté Paris.

3 *Vendredi.* — Mort à Bordeaux du député patriote Küss « le bon père Küss, maire de Strasbourg, professeur à la Faculté de médecine. » Ses funérailles se feront aux frais de la Nation.

4 *Samedi.* — On parle de fréquentes rixes entre soldats prussiens et bavarois. Le poste des Gobelins occupé par la garde nationale aurait été forcé ; des cartouches ont été enlevées.

5 *Dimanche.* — L'agitation est de plus en plus grande à Paris, surtout à Montmartre. On va à l'insurrection.

Lettre de M. Beylier, pharmacien en chef de l'hôpital militaire des Colinettes, à Lyon :

Votre lettre m'a été remise pendant que j'écrivais à notre ami Signoud qui n'a pas été très heureux, non plus, dans la période douloureuse que nous venons de traverser et qui est en ce moment à Besançon avec votre ancien répétiteur du Val-de-Grâce, M. Marty. Je lui ai fait part de ce que contenait votre lettre à son sujet et il est probable qu'à cette heure vous avez de ses nouvelles.

Quant à moi, mon cher camarade, je n'ai eu à subir pendant toute cette guerre que des tortures morales ; mais elles ont été assez poignantes pour me faire vieillir de dix ans (1). J'étais si malheureux d'assister impuissant à la ruine et à la dévastation de notre pauvre pays que je n'en dormais plus et cette paix qu'on vient de nous

(1) BEYLIER (Yves-Claude), né à Grenoble en 1820, est mort en activité de service en 1874.

accorder avec des conditions si humiliantes a mis le comble à ma douleur et à mes regrets.

Que va devenir la France dans la situation qui lui est faite? Combien nous faudra-t-il de temps pour nous liquider et mettre de l'ordre dans nos affaires? Ce sont là les questions que tout homme sensé doit se poser en se demandant si nous serons assez raisonnables pour accepter toutes les conséquences que doit entraîner la solution de toutes ces questions.

6 *Lundi*. — Fabre me communique un ouvrage de Paul de St-Victor : « Hommes et Dieux ». C'est la réunion d'une série d'articles littéraires publiés dans des journaux périodiques. J'en retiens ces extraits :

Les œuvres comme les hommes changent parfois, avec le temps, de physionomie et de caractère. *(Don Quichotte)*.

C'est une mauvaise école que le sépulcre : il enseigne l'immobilité, l'engourdissement, le sommeil. Un peuple tombe vite dans la décadence lorsqu'il ne fait que monter et descendre les escaliers d'un tombeau. *(La Momie)*.

Le tombeau ne doit pas s'écarter trop démesurément de la taille humaine. *(Id.)*.

La cruauté morale entraîne la férocité sanguinaire.
(Mlle Aïssé).

Les peuples en décadence, comme les individus en détresse se plongent souvent, pour s'étourdir, dans un vertige physique ou moral. *(La Cour d'Espagne)*.

7 *Mardi*. — Les Prussiens se retirent de Versailles et des forts du Sud.

8 *Mercredi*. — Tous les marins de Paris sont rappelés dans les ports.

A la Bibliothèque : *Grandeur et décadence des Romains*.

9 *Jeudi*. — Des dépêches de Bordeaux annoncent le transfert de l'Assemblée nationale à Versailles, Orléans ou Fontainebleau,

Extraits de Montesquieu :

Quand on accorde des honneurs, on sait précisément ce que l'on donne : mais quand on y joint le pouvoir on ne peut dire à quel point il pourra être porté.

On n'offense jamais plus les hommes que lorsqu'on choque leurs cérémonies et leurs usages. Chercher à les opprimer c'est quelquefois une preuve de l'estime que vous en faites ; choquer leurs coutumes, c'est toujours une marque de mépris.

Il n'y a point de gens qui craignent si fort les malheurs que ceux que la misère de leur condition pourrait rassurer.

C'est une erreur de croire qu'il y ait dans le monde une autorité humaine à tous les égards despotique : il n'y en a jamais eu et il n'y en aura jamais ; le pouvoir le plus immense est toujours borné par quelque coin.

10 *Vendredi.* — Après intervention de Thiers, l'Assemblée nationale, par 461 voix contre 104, se réunira à Versailles.

11 *Samedi.* — Par arrêté du général en chef Vinoy, les journaux : *Le Vengeur, Le Cri du Peuple, Le Mot d'Ordre, Le Père Duchêne, La Caricature, La Bouche de Fer* (1) sont supprimés « pour provocation à l'insurrection ».

12 *Dimanche.* — Le calme est absolu dans notre zône neutre.

Il ne nous reste qu'une cinquantaine de malades.

13 *Lundi.* — Arrivée de troupes de province pour remplacer les régiments de Paris.

---

(1) De tous ces journaux d'avant-garde, le *Père Duchêne* (un sou le fascicule de 8 pages) a eu, de beaucoup, le plus fort tirage. Il attaquait sans mesure le gouvernement, la magistrature, le clergé, la bourgeoisie, l'armée, le drapeau national..... Le premier numéro a paru le 6 mars (16 ventose, an 79) ; le dernier le 21 mai.

A travers les *Lettres persanes* :

Le cœur est citoyen de tous les pays.

Il semble que nous augmentons notre être lorsque nous pouvons le porter dans la mémoire des autres.

Un homme d'esprit est ordinairement difficile dans les sociétés.

14 *Mardi*. — Graves désordres dans les 13ᵉ et 14ᵉ arrondissements; des sergents de ville auraient été assassinés.

15 *Mercredi*. — A Paris, avec M. Desportes, dans sa petite voiture. Sur la place de la Bastille, où le drapeau rouge a disparu, nous rencontrons M. Robillard (1), en tenue bourgeoise. Il m'embrasse et me dit l'émotion produite par le bruit qui a couru de ma mort le lendemain de Gravelotte. Il vient de reprendre son ancien poste à l'hôpital militaire de Vincennes En quittant Metz, il fut envoyé à l'armée de la Loire, puis à l'armée de l'Est.

16 *Jeudi*. — De Diderot (*le Neveu de Rameau*) :

Il faut être profond dans l'art ou dans la science pour en bien posséder les éléments. Des livres classiques ne peuvent être bien faits que par ceux qui ont blanchi sous le harnais; c'est le milieu et la fin qui éclaircissent les ténèbres du commencement.

---

(2) Né à Alençon en 1812 : retraité en 1872, décédé à Mehun-sur-Yèvre, en 1878. En réponse à quelques lignes que je lui adressais au sujet de sa nomination à la dignité de commandeur de la Légion d'honneur, il m'écrivait de Mehun-sur-Yèvre, le 11 septembre 1872 : « Mon cher camarade, votre lettre est venue me retrouver dans un petit coin du Berri où je suis en train de me créer une résidence calme et des occupations agréables. J'ai été bien sensible à vos bonnes félicitations et vous en remercie de cœur. Je ne vous ai connu que pendant les derniers instants de ma carrière, mais ce temps m'a suffi pour vous juger, vous estimer et vous aimer et vous prédire que toutes vos bonnes qualités vous vaudront à votre tour, dans le cours de votre carrière, les récompenses qui, malgré l'intrigue, sont accordées tôt ou tard aux bons serviteurs. »

La voix de la conscience et de l'honneur est bien faible lorsque les boyaux crient.

On crache sur un petit filou, mais on ne peut refuser une sorte de considération à un grand criminel : son courage vous étonne, son atrocité vous fait frémir.

17 *Vendredi*. — A Paris. Rencontre de Debraye. Nous causons longuement en nous promenant. Il a quitté l'Algérie pour l'armée de la Loire. Nos camarades d'Afrique Camus, Renier, Dubois, Garnier, Letellier, Morel ont en vain demandé leur rentrée en France (1).

Nous égrenons quelques souvenirs strasbourgeois : le Père Félix exaltant à la Cathédrale le rôle de Lamoricière à Castelfidardo ; le discours du pasteur Colani aux funérailles de Courbassier, mort d'une piqûre anatomique ; nos premières impressions théâtrales à Faust ; la soirée de gala de Théresa à la grande brasserie d'Austerlitz ; la revue sur la place d'armes où Bazaine fut sifflé à son retour du Mexique ; la visite tapageuse des étudiants allemands qui provoqua quelques désordres ; les travers de Rouis (2) et ses inspections si minutieuses avant nos sorties du dimanche ; nos réunions intimes chez la mère du professeur Schlagdenhauffen.

18 *Samedi*. — Des affiches placardées sur les murs

---

(1) Tous ces camarades, y compris Debraye, sont morts après avoir atteint leur retraite à l'exception de Letellier, décédé à Ajaccio en 1878 et de Renier qui démissionna en 1875 pour s'établir en Algérie où il fut plus tard conseiller général. Renier était le neveu du professeur Léon Renier, membre de l'Institut, un excellent homme auquel mon camarade m'avait présenté à la Sorbonne où il habitait en 1865.

(2) Le directeur de l'Ecole était Sédillot, médecin-inspecteur, membre de l'Institut, décédé en 1883, mais le sous-directeur Rouis en fut le véritable organisateur ; il est mort en 1908, à St-Dié, à 86 ans.

annoncent que le Gouvernement est à Versailles, et, avec lui, toutes les autorités. Une armée de 40.000 hommes y est concentrée sous le commandement du général Vinoy.

Appel à la garde nationale pour la défense de Paris contre les actes du Comité central.

19 *Dimanche.* — Hier, des régiments ont quitté les postes qu'ils occupaient et se sont retirés en levant la crosse en l'air. Un capitaine de chasseurs d'Afrique a été assassiné, à 11 heures du matin, sur la Place Pigalle.

Il y a des barricades sur la place de la Bastille. La gare de Vincennes est occupée par la garde nationale.

20 *Lundi.* — Un Comité central de la garde nationale dissidente, occupe l'Hôtel-de-Ville. Il est soutenu par les bataillons des Batignolles, Montmartre, Belleville, La Villette, les Buttes-Chaumont.

Arrestation de Chanzy. Assassinat des généraux Lecomte et Clément Thomas « l'âme de la République ».

21 *Mardi.* — Une dépêche officielle de Versailles annonce que l'Assemblée nationale et le Gouvernement ralliés sont en mesure de dominer les évènements. L'armée se renforce et se consolide.

22 *Mercredi.* — Des dépêches de Versailles annoncent que l'insurrection de Paris n'a aucun écho dans les départements. Les dépêches de la Commune qui nous arrivent en même temps, disent le contraire.

23 *Jeudi.* — En ces jours de tristesse, la lecture

même est sans attrait. On revient aux souvenirs d'enfance et à sa chère Bresse (1).

Je revois, dans le lointain, un vieillard solitaire, notre voisin, ennemi déclaré des curés ; il avait, disait-on, procédé à des arrestations pour le tribunal révolutionnaire de Lyon et dansé avec les tricoteuses autour de la guillotine. Je revois mes débuts à l'Ecole communale où les camarades de la campagne nous apportaient du *gâteau* (pain de maïs) en échange de pain blanc ; les processions de la Fête-Dieu, dans les rues ; les processions des Rogations, dans les champs ; les hécatombes de poissons provoquées par le rouissage du chanvre dans la Reyssouze et le Reyssouzet ; les pêches avec Evariste Clermidy (2) ; l'arrivée de la *Malle des Indes* qui, pendant quelques mois, vers 1851, allait de Paris à Genève. Puis, ce sont des promenades avec mon père à Privage (3), à la plantation de mûriers du Dr Bouveret (4), au moulin de Veyriat, où le garde-moulin qui habitait une cabine en planches tapissée d'images d'E-

---

(1) Et la Bresse a pour nous je ne sais quoi de tendre.
Et d'intime, qu'ailleurs on ne saurait trouver.
G. VICAIRE. Les Emaux bressans. *Le Pays natal.*

(2) Né à Saint-Julien en 1839, décédé en 1913, à Lagnieu où il fut notaire et conseiller général. Prix d'honneur au Lycée en 1857.

(3) Des hauteurs de Privage, à un kilomètre de St-Julien, on aperçoit une dizaine de clochers (Montrevel, Jayat, Foissiat, Lescheroux, Mantenay, St-Trivier, Servignat, St-Jean, Béreyziat....) et la vue en certains jours s'étend des montagnes du Jura jusqu'à la cîme neigeuse du Mont-Blanc. On allait quelquefois jusqu'aux *Justices* où se trouvaient les gibets du château de Montiernoz.

(4) Père de l'éminent professeur Bouveret, médecin des hôpitaux de Lyon ; gendre du professeur Bernard, successeur d'Ampère au Collège de Bourg. Depuis 60 ans, il n'y a plus de traces des mûriers qui se trouvaient à gauche de la route allant à Lescheroux.

pinal, nous montra les diverses opérations de la mouture. C'est la visite, avec mon oncle, à la fête de Montmerle, abolie depuis longtemps ; il y avait, devant l'ancien pont-levis de la Chartreuse, une guinguette provisoire, des jeux, un bal, des tables et des tréteaux où l'on buvait du *vin blanc bourru* en mangeant des *matefaims*.

J'allais assez souvent, malgré ma timidité, chez les tisserands du voisinage ; chez le cloutier dont le chien faisait tourner une grande roue ; chez le maréchal où l'on se mettait à trois pour transformer en socs de charrue des barres de fer sortant du feu ; chez le ferblantier, le menuisier, le charron, le cordonnier, le cordier, le vannier, le boulanger. C'est ainsi que j'acquis de bonne heure des notions exactes sur les divers corps de métier. J'allais aussi chez notre percepteur M. Bernard, professeur de mathématiques en retraite qui m'a donné mes premières notions d'algèbre et de géométrie.

24 *Vendredi*. — On parle de transactions entre certains membres du Comité central de la Commune et quelques maires de Paris.

25 *Samedi*. — J'ai parcouru dans la journée les *Recherches sur la vie et la mort* de notre illustre Bichat que je ne connaissais que par la statue de David d'Angers sur la place de la Grenette, à Bourg.

La vie est l'ensemble des fonctions qui résistent à la mort.

La sensation qui nous affecte le plus est celle qui ne nous a jamais frappé.

L'universalité des connaissances dans le même individu est une chimère : elle répugne aux lois de l'organisation, et si l'histoire nous offre quelques génies extraordinaires jetant un égal éclat dans plusieurs sciences, ce sont autant d'exceptions à ces lois.

Arrêtons-nous quand nous arrivons aux limites de la rigoureuse observation ; ne cherchons pas à pénétrer là où l'expérience ne peut nous éclairer.

26 *Dimanche.* — On parle d'arrestations nombreuses à Paris. Il y aurait des tiraillements entre bataillons de la garde nationale dont plusieurs sont favorables à Versailles.

27 *Lundi.* — Quelques symptômes d'insurrection se manifesteraient, dit-on, en Algérie.

Lecture de la Bible. *Les Proverbes de Salomon :*

Ecoute l'instruction de ton père et n'abandonne point l'enseignement de ta mère.

Embrasse l'instruction, ne la lâche point ; garde-là, car c'est ta vie.

Les sages cachent la science.

Tel se fait riche qui n'a rien du tout : tel se fait pauvre qui a de grands biens.

Ne soit point avec les avaleurs de vin, ni avec les gourmands de viande ; car l'avaleur de vin et le gourmand seront appauvris.

Qu'un étranger te loue et non pas ta propre bouche.

Les blessures faites par celui qui aime sont fidèles.

Il y a trois choses qui sont merveilleuses pour moi, même quatre, lesquelles je ne connais point : la trace de l'aigle dans l'air, la trace du serpent sur un rocher, le chemin d'un navire au milieu de la mer et la trace de l'homme dans la vierge.

Le livre de l'*Ecclésiaste :*

Où il y a abondance de science, il y a abondance de chagrin et celui qui s'accroît de la science, s'accroît de sa douleur.

28 *Mardi.* — Le faubourg Saint-Antoine s'agite ; on parle de barricades.

29 *Mercredi.* — Plusieurs membres du Conseil municipal de Paris récemment élus donnent leur démission, en déclarant que le mandat qu'ils avaient accepté était exclusivement municipal et non politique.

3o *Jeudi*. — Le général du Barail est nommé commandant des troupes de Versailles, en remplacement de Vinoy.

3ı *Vendredi*. — Plusieurs députés de Paris, entraînés par Delescluze, donnent leur démission de membres de l'Assemblée nationale. La lutte contre Versailles devient plus acharnée.

Quelques maximes d'Epictète :

Le bonheur et le désir ne peuvent se trouver ensemble.

Ne ris ni longtemps, ni souvent, ni avec excès.

Garde le silence le plus souvent où ne dis que les choses nécessaires et dis les en peu de mots.

S'il y a un art de bien parler, il y a aussi un art de bien entendre.

Ne cherche point à passer pour savant.

Ne te glorifie jamais d'aucun avantage étranger.

Rien de grand ne se fait tout d'un coup.

Tous les chemins qui mènent aux enfers sont égaux.

AVRIL 1871

ıᵉʳ *Samedi*. — Des pensées de Pascal :

La vie humaine n'est qu'une illusion perpétuelle ; on ne fait que s'entretromper et s'entreflatter.

L'imagination dispose de tout, elle fait la beauté, la justice et le bonheur qui est le tout du monde.

Se peut-il rien de plus plaisant qu'un homme ait droit de me tuer parce qu'il demeure au-delà de l'eau et que son prince a querelle contre le mien, quoique je n'en ai aucune avec lui.

Si nous rêvions toutes les nuits la même chose, elle nous affecterait autant que les objets que nous voyons tous les jours.

La chose la plus importante à toute la vie, c'est le choix du métier : le hasard en dispose.

Je m'arrête à cette pensée.

Mon correspondant au Lycée était M. Tiersot, pharmacien, marié à une cousine germaine de mon père. Il n'avait pas d'enfant et il ne lui déplaisait pas de me voir prendre un jour sa succession. Aussi dès que je fus reçus bachelier, il me conduisit à la Justice de paix pour établir mon certificat de stage d'élève en pharmacie, conformément aux instructions sur l'exercice de cette profession.

M. Tiersot avait été reçu pharmacien à Paris en 1840. Il avait remplacé son père, qui sortait également de l'Ecole de Paris et se plaisait à rappeler qu'il était au cours de Fourcroy lorsque le professeur exaltant l'œuvre de Lavoisier fut violemment pris à parti par un auditeur qui s'écria d'une voix forte : « Il n'est pas séant, à l'un des principaux auteurs de la mort de Lavoisier de venir aujourd'hui en faire l'éloge. »

La pharmacie était petite, mais bien achalandée. Une étroite cour vitrée servait de laboratoire. La plupart des réserves étaient dans une cave, près d'un ancien four banal où l'on arrivait par un long boyau très mal éclairé. On y trouvait des produits des anciennes pharmacopées : de la graisse de chrétien, des graisses d'ours, de renard...

Il y avait aussi au faubourg de Mâcon, un jardin entouré de murs où l'on récoltait des *simples* et où avaient été entrepris, pendant la guerre d'Amérique quelques essais de culture de coton. Un pavillon de repos se trouvait dans un coin et, dans un autre, une petite terrasse d'où l'on dominait la Reyssouze.

Le service courant était assez régulier en dehors des marchés du mercredi où les gens de la campagne affluaient ; on était sur pied du matin au soir.

Je retrouvais tout de suite quelques bons camarades
du Lycée : Augier, Guillon, Chevalier (de La Boisse) et
notamment Vaulpré et Brossard (1) avec lesquels je me
promenais le plus souvent.

Je prenais pied peu à peu avec les clients et les habitués de la maison. Je remarquais MM. Edmond Chevrier, Mas (2), Guillon père, avocat, Chambre, avoué,
Martin, architecte, le baron Albert (de Cornod), Adol-
phe Dufour qui venait de prendre la direction du *Courrier de l'Ain*, les professeurs Vincent et Bobillon de
l'Ecole normale, le vétérinaire Bianchi, les médecins
Ebrard, Olivier, Hernandez, Berthier, Pic, Place, Tiersot, Dupré, Brevet et Hudellet qui me tutoyait comme
un enfant... (3).

Je revois encore un ancien ministre, M. Jayr ; l'abbé
Pelletier, professeur au petit séminaire, un ennemi de la
science ; le père mariste Vitte (4), très libéral ; le
professeur Charles Robin (5), dont le *Traité de chimie
physiologique* était à la maison.

---

(1) Ancien président de la Société d'Emulation où je fus admis en
1875, sur présentation faite par Jarrin et Brossard.

(2) Je n'ai su qu'en 1875 par Tripier, ancien pharmacien en chef
de l'armée d'Afrique, retraité à Cherchell, que Mas était en tête des
plus grands pomologistes.

(3) Voici les dates de réception de ces médecins : Hudellet, 1826 —
Place, 1830 — Dupré, 1836 — Ebrard, 1836 — Olivier, 1838 — Hernandez, 1842 — Pic, 1844 — Brevet, 1855 — Tiersot, 1855 — Berthier, 1857, ce dernier fut un de nos grands aliénistes. Ebrard a publié
sur les sangsues des travaux restés classiques.

Les pharmaciens de Bourg étaient alors, en dehors de H. Tiersot :
Ravet reçu à Paris en 1835 — Bichel, 1836 — Nuzillat, 1853 —
Touillon, successeur de Villard.

(4) Cousin germain de mon père : évêque de la Nouvelle-Calédonie ;
décédé à Cormoz, son pays natal.

(5) Il passait ses vacances à Jasseron où il naquit en 1821 et où il
mourut subitement en 1885.

Le soir, je lisais des ouvrages de science et plutôt de littérature : le *Voyage aux Pyrénées* de Taine ; les *Mémoires d'un billet de banque* de G. de Parseval, de Bourg ; le *Tour du Monde* ; le *Magasin d'éducation et et de récréation* d'Hetzel qui publiait alors les premiers voyages extraordinaires de Jules Verne (1) ; les petits livres de la *Bibliothèque nationale* au moment de leur apparition ; le *Journal des Débats* qui donnait en feuilletons les *Mémoires d'Outre-Tombe* de Chateaubriand et les premiers romans patriotiques d'Erkmann et Chatrian.

J'avais un faible pour tous les articles de M. Jarrin (2) parus dans le *Courrier de l'Ain*.

Je revois encore Jarrin, Ebrard et Chevrier se promenant le soir dans la rue Notre-Dame et faisant le *tour de l'Ile* au moment où les tambours et clairons annonçaient la retraite sur la Place d'Armes.

---

(1) J'ai connu Jules Verne pendant mon séjour à Amiens : l'excellent homme poursuivait son œuvre sans relâche, toujours plongé dans d'incessantes rêveries.

(2) Aussi, avec quel plaisir j'ai lu, plus tard, la lettre que lui écrivait Quinet, le 15 mai 1864 (*Lettres d'exil à Michelet et à divers amis*. Paris, Calmann-Lévy, 1885 ; t. II, p. 417).

« . . Ah ! que vous m'avez fait respirer l'air natal, dans tout le moyen-âge. Je crois maintenant, grâce à vous, avoir vécu dans notre bourgade pendant les tristes siècles dont il nous reste encore quelque chose.

« Vous m'expliquiez, ce que je sentais tout enfant dans nos rues où l'herbe et les mauves croissaient. Cette pauvre âme des cieux si oppressée, si serve se plaignait encore au bord des étangs...

« Je voudrais vous dire plus ouvertement, combien votre ouvrage (car c'en est un) m'a paru remarquable et achevé, combien il ferait honneur aux meilleures publications de Paris. Mais il est toujours un peu difficile aujourd'hui de dire sans inconvénient ce que l'on pense et je dois me contenter de vous féliciter du talent et de la conscience d'homme et d'artiste que vous mettez à chaque page.... »

Le numéro de juin 1865 du *Journal de chimie médicale* de Chevallier décida de mon avenir. Il annonçait un concours pour un emploi d'élève-pharmacien à l'Ecole du service de santé militaire de Strasbourg. Les renseignements manquaient. Un colonel du génie en retraite (M. Morellet) ayant dit à M. Tiersot que les pharmaciens de l'armée étaient généralement des hommes de science, je me décidais à concourir. Le concours eut lieu à Paris, au Val-de-Grâce. Il y avait une centaine de candidats ; vingt-cinq furent admis ; j'étais du nombre.

Je quittais non sans regrets la vieille rue d'Espagne pour me rendre à Strasbourg dans les premiers jours de novembre.

2 *Dimanche*. — Des troupes bavaroises se massent à Charenton. Elles avouent avoir éprouvé de grandes pertes à Wœrth, à Sedan et à Orléans : la garde seule aurait perdu 26.000 hommes.

Le Mont-Valérien se fait entendre. Vive fusillade vers Courbevoie. D'après les nouvelles de Paris, les soldats de Charette seraient aux prises avec les troupes de la Commune ; d'après Versailles celles-ci se seraient avancées vers Rueil, Nanterre, Courbevoie, Puteaux et le pont de Neuilly.

3 *Lundi*. — Proclamation affichée pendant la nuit sur les murs de Paris.

La Commune de Paris à la garde nationale

Les conspirateurs royalistes ont attaqué.

Malgré la modération de notre attitude, ils ont attaqué.

Ne pouvant plus compter sur l'armée française, ils ont attaqué avec les zouaves pontificaux et la police impériale...

Ce matin les hommes de Charette, les Vendéens de Cathelineau, les bretons de Trochu, flanqués des gendarmes de Valentin ont couvert de mitraille et d'obus le village inoffensif de Neuilly et engagé la guerre civile avec nos gardes nationaux.

Il y a des morts et des blessés.

Elus par la population de Paris, notre devoir est de défendre la grande cité contre ces coupables agresseurs. Avec votre aide nous la défendrons.

Paris, 2 avril 1871.

La Commission exécutive :
BERGERET, EUDES, DUVAL, LEFRANÇAIS, Félix PYAT, G. TRIDON, E. VAILLANT.

Dès le matin, on entend le canon. Les insurgés, conduits par Bergeret, sont mitraillés par le Mont-Valérien. Les fuyards se répandent dans Paris en criant à la trahison. On parle de 1500 morts.

Du côté de Châtillon le désarroi est aussi grand. Flourens aurait été tué par un capitaine de gendarmerie.

4 *Mardi*. — Hier la Commune a perdu deux généraux : Duval, tué et Henry fait prisonnier.

Depuis cinq jours nous ne recevons aucune correspondance de la province.

5 *Mercredi*. — Les insurgés cherchent en vain à reprendre le plateau de Châtillon.

Tous les parisiens au-dessous de 35 ans sont requis et armés. Beaucoup passent par Charenton, pour se rendre en province. C'est ainsi que nous avons la visite de M. Noël Guéneau de Mussy, membre de l'Académie de médecine, ami de notre médecin en chef.

L'archevêque a été arrêté avec le curé de la Madeleine et plusieurs autres membres influents du clergé.

Le collège Rollin a été pillé.

6 *Jeudi*. — La garde nationale prépare un grand mouvement tournant contre les troupes de Versailles.

Une guillotine a été brûlée devant la statue de Voltaire (Boulevard Voltaire).

7 *Vendredi*. — On entend le canon toute la journée. Quelle triste situation : devant nous, la guerre civile; derrière nous, le prussien qui rit de nos malheurs. Une députation des membres de la Commune est venue réclamer aux Allemands, mais sans succès, la remise du fort de Charenton.

8 *Samedi*. — Ranc et quelques autres membres de la Commune donnent leur démission.

Réquisition de tous les citoyens mariés ou non au-dessous de 50 ans. De nombreux échappés de Paris passent par Charenton.

Fusillade et canonnade pendant la nuit.

9 *Dimanche*. — Le général Vinoy est nommé grand chancelier de la Légion d'honneur.

Dombrouski remplace Bergeret au commandement de la place de Paris.

Fusillade et canonnade dans la direction de Neuilly.

10 *Lundi*. — Les troupes de Versailles occuperaient une partie du bois de Boulogne. Mac-Mahon est nommé général en chef de l'armée de Versailles.

11 *Mardi*. — On entend le soir vers 9 heures deux fortes détonations, suivies d'une vive fusillade. De la terrasse de l'Asile, on juge que l'action est du côté d'Issy. Le Mont Valérien est au repos.

12 *Mercredi*. — Canonnade vers la porte Maillot. On

prétend à Paris que les troupes de Versailles ont été refoulées par le fort d'Issy qu'elles voulaient enlever.

13 *Jeudi.* — Canonnade toute la matinée. Elle cesse
brusquement vers 11 heures, par suite, dit-on d'une suspension d'armes

14 *Vendredi.* — Vive polémique entre Rochefort et
Gromier (1).

Canonnade dans la soirée. L'armée de Versailles occuperait la redoute de Gennevillier.

15 *Samedi.* — Canonnade, jour et nuit.

16 *Dimanche.* — Canonnade. On parle d'un ultima-
tum de 24 heures. Le *Père Duchène* continue à demander le *raccourcissement* de la Colonne Vendôme et la
démolition de la Chapelle expiatoire.

17 *Lundi.* — Les troupes de Versailles enlèvent le
château de Bacon et occupent Bois-Colombe.
Enterrement de M. Ramon (2).

18 *Mardi.* — La Commune supprime la *Cloche*, l'*O-
pinion nationale* et d'autres journaux modérés.

De nombreux parisiens traversent Charenton pour
gagner la province.

---

(1) Je n'ai pas revu Gromier depuis le Lycée. J'ai eu occasion de
dîner plusieu.s fois avec Rochefort chez le Dr Tripier, de Paris, un
de ses anciens condisciples. Il y avait là Alexandre Dumas, Francisque Sarcey, Cailletet, Chaput, d'Arsonval, Martel de la Comédie
française... Rochefort apparaissait tout autre que dans son journal.

(2) Ramon qui fut reçu docteur à Paris en 1818, a été pendant
longtemps médecin-adjoint à la maison de santé de Charenton. En
1857, à la mort de Laborie le premier médecin de l'Asile de Vincennes, il fut attaché à cet établissement au même titre que Dumesnil ;
mais depuis longtemps son grand âge l'éloignait du service courant.

19 *Mercredi*. — On s'attribue des succès des deux côtés. Asnières serait occupé par l'armée de Versailles. Evacuation de blessés et convalescents, d'Alfort sur Fontainebleau.

20 *Jeudi*. — Les troupes de Versailles sont à Bagneux.

Lettre de Signoud datée du 18, faisant suite à une lettre qui ne m'est point parvenue. Il me dit son odyssée. Ce n'est qu'après la capitulation de Metz, relevant d'une fièvre typhoïde qu'il apprit par Vidau (1) que je n'étais point mort comme le bruit en avait couru. Il est rentré en France par la Suisse et a été attaché à l'armée de l'Est, puis à Besançon avec M. Marty (2) et, de là, à son ancien poste de Lyon. Le Reinier, un de nos plus sympathiques voisins de table à la pension a été tué à Beaune-la-Rolande. Les avocats (3) et autres habitués de notre café sont dispersés.

(1) Vidau était élève en pharmacie à Paris avant son entrée à l'Ecole de Strasbourg. C'était un boute-en-train qui pendant notre stage du Val-de-Grâce nous entraînait dans les principaux théâtres : à l'Odéon où l'on jouait *Le Passant*, au Palais-Royal où *La Cagnotte* faisait salle pleine... Il fut professeur agrégé au Val-de-Grâce et mourut en 1882. Vidau a collaboré activement au *Dictionnaire de médecine* de Dechambre et à la *Gazette Médicale*. Pendant le siège de Metz, il était sous les ordres de Jeannel et contribua au fonctionnement d'une *poste aéronautique* que les grands ballons montés de Paris ont fait oublier. Du 5 au 15 septembre, quatorze aérostats cubant en moyenne 500 litres d'hydrogène et fabriqués avec le papier calque tenu en réserve pour les besoins de l'Ecole d'application de l'artillerie et du génie, emportèrent 3.000 lettres dont plus de la moitié sont sûrement parvenues à destination.

(2) Membre de l'Académie de médecine ; ancien professeur au Val-de-Grâce ; pharmacien-inspecteur, en retraite depuis 1897.

(3) Parmi ces avocats du *café Morel* était Andrieux qui fut préfet de police.

21 *Vendredi.* — Le soir, le canon tonne au Mont-Valérien et l'on aperçoit une vaste lueur du côté de la porte Maillot.

22 *Samedi.* — De nombreux déserteurs de la garde nationale arrivent à Charenton.

Des dissentiments se produisent entre Pyat et Rogeard au sein de la Commune où trop de noms étrangers inspirent la défiance.

23 *Dimanche.* — On se bat dans la plaine d'Ivry.

24 *Lundi.* — On parle d'une suspension d'armes, mais les hostilités continuent néanmoins.

25 *Mardi.* — Les hostilités sont momentanément arrêtées du côté de Neuilly, pour permettre aux non-combattants de se retirer. Des mitrailleuses ayant été placées sur les remparts dans la direction de Charenton, les Prussiens interviennent pour les faire enlever.

26 *Mercredi.* — Les troupes de Versailles occupent le village des Moulineaux et attaquent vigoureusement les forts du Sud.

27 *Jeudi.* — M. Henri Baillière, incorporé de force dans la garde nationale vient se réfugier auprès de son ami Dumesnil, avant de gagner la province. C'est un causeur. Il me prend à parti après dîner et me cite des noms de pharmaciens militaires qui ont collaboré aux *Annales d'hygiène et de médecine légale* fondées par son père où dont les ouvrages ont été édités par la mai-

son : Choulette (1), Debeaux (2), Millon (3), Roucher (4). Il me dit que son père qui a débuté vers 1812, comme petit employé chez le libraire Méquignon, y a vu souvent Parmentier, pharmacien en chef des armées impériales, le grand propagateur de la pomme de terre. C'était un beau et bon vieillard, d'un parfait désintéressement. Il se préoccupait de la vente de ses ouvrages « dans la crainte que son éditeur Méquignon n'éprouvât quelque perte. »

28 *Vendredi*. — Les forts de Montrouge, Issy et Vanves seraient à la dernière extrémité.

29 *Samedi*. — Matinée calme. Canonnade dans la soirée. L'armée de Versailles occuperait le parc et le cimetière d'Issy.

30 *Dimanche*. — Visite de mon camarade de promotion Moissonnier (5). Il me donne beaucoup de détails sur Belfort, sa ville natale ; sur le siège qu'elle a sou-

(1) Choulette (1803-1877), professeur à Strasbourg (1841-1850); retraité pharmacien-principal à Marseille en 1864 ; a rassemblé d'importantes collections d'histoire naturelle pendant son long séjour en Algérie.

(2) Debeaux (1826-1910), pharmacien-principal, retraité à Toulouse en 1886 , a publié de nombreuses observations recueillies pendant qu'il était au corps expéditionnaire de Chine.

(3) Millon (1812-1867), pharmacien-principal, un grand chimiste dont la politique a brisé la carrière scientifique. Les quinze dernières années de sa vie se passèrent en Algérie. Depuis 1907, une rue de Paris porte le nom d'Eugène Millon : deux pharmaciens militaires, Bayen et Parmentier, ont eu antérieurement les mêmes honneurs.

(4) Roucher (Charles), pharmacien-principal, décédé à Paris en activité de service en 1875, à 54 ans. C'était le petit-fils du poète des *Mois*, guillotiné le même jour qu'André Chénier.

(5) Décédé à Paris, en 1905, pharmacien-principal en retraite.

tenu ; sur la ténacité du colonel Denfert ; sur l'activité
et l'énergie du maire...

Notre ancien professeur de chimie Liès Bodard (1),
de la Faculté des sciences, s'est engagé dès le début de la
guerre et s'est distingué dans plusieurs sorties comme
capitaine aux francs-tireurs de Strasbourg. Le père de
notre camarade Zeller (2), de Giromagny, emmené
comme otage en Allemagne, est mort en captivité. Les
industriels de Mulhouse seraient intervenus, mais én
vain, auprès de Bismarck au moment des négociations
pour la paix.

Les Alsaciens s'enrôleraient en masse dans l'armée.

MAI 1871

1ᵉʳ *Lundi.* — J'ai relu *Germania* que Gabriel Vicaire
m'a fait lire pendant mon stage du Val-de-Grâce (3).

Aujourd'hui, je comprends mieux la haine du poëte
allemand contre la Prusse et son amour pour la France :

J'ai flané une petite heure dans ce trou ennuyeux (Aix-la-Chapelle).
C'est là que je revis l'uniforme prussien ; il n'est pas beaucoup
changé.

C'est toujours le même peuple de pantins pédants,—c'est toujours le

(1) Décédé inspecteur général de l'instruction publique. Il débuta
dans l'enseignement comme instituteur. Il fit à Strasbourg des expé-
riences concluantes sur la conservation des viandes à l'aide des bi-
sulfites.

(2) Zeller se préparait à passer les épreuves du doctorat ès-sciences, lorsqu'il fut contraint par la maladie de cesser tout travail. Il est
mort, à Giromagny, en 1887, à 43 ans.

(3) Tous les livres de Gabriel Vicaire étaient à ma disposition.
Nous vivions avec Victor Vaulpré dans la plus grande intimité et
passions souvent tous les trois nos soirées ensemble. Vicaire nous entraînait parfois à la brasserie Pousset du carrefour de Châteaudun, au

même angle droit à chaque mouvement, et sur le visage la même suffisance glacée et stéréotypée.

Ils se promènent toujours aussi raides, aussi guindés, aussi étriqués qu'autrefois, et droits comme un I ; on dirait qu'ils ont avalé le bâton de caporal dont on les rossait jadis.

Oui, l'instrument de la schlague n'est pas entièrement disparu chez les Prussiens ; ils le portent maintenant à l'intérieur.

L'armée de Versailles occupe la gare de Clamart et le château d'Issy.

2 *Mardi.* — Cluseret, qui avait remplacé Bergeret à la guerre, est destitué. Rossel lui succède.

3 *Mercredi.* — Vive action au moulin Saquet. Entrevue avec l'adjoint à l'intendance Hamont et le médecin aide-major Zuber.

Le *Père Duchéne* continue sa campagne délétère :

Il n'est pas assez bête pour demander qu'on dépouille les riches, parce qu'ils sont riches.

Mais il veut qu'on prononce la confiscation des biens de ceux de ces riches qui ont quitté la Cité au moment du danger, tant pendant la guerre avec la Prusse que pendant la guerre avec Versailles...

Et que ces biens soient répartis entre les bons bougres qui se font crever la peau pour la Cité.

Mais entre ceux-là seulement.

Le *père Duchêne* comprend qu'on se serve de tous les moyens pos-

---

café Voltaire, à la Rotonde ou à la brasserie Lipp qui étaient alors fréquentés par des gens de lettres et des artistes (Blémont, Bouchor, Bourde, Cros, Gineste, Injalbert, Leser, Mauclair, Mérat, Millien, Moréas, Pézieux, Ponchon, Quellien, Ary Renan, Valade, Verlaine, Georges Vicaire ..)

Vicaire était aussi de nos mercredis chez Paget, rue de Lille, avec Allombert, le Dr Barbier, Barthou, Brousse, Clédou, Emile Constant, le professeur François Convert, Darlan, Donzel, Giguet, Gotteron, Herbet, Pochon, le sculpteur Soulès, Julien Tiersot .. (Voir Henri CORBEL. Un poëte, Gabriel Vicaire (1848-1900) ; eau forte de Lalauze, charge de Léandre. — Paris, librairie Tallandier.)

sibles, quand on fait la guerre... qu'on foute des bombes à pétrole et n'importe quel engin sur les combattants... qu'on demande aux inventeurs le feu grégeois dont on a tant parlé.

4 *Jeudi.* — Des délégués de la Commune se présentent à Charenton.

5 *Vendredi.* — A 4 heures du matin, très vive action vers les forts du Sud.

5 mai 1821. — « Encor Napoléon, encor sa grande image. »

Le Moulin Saquet serait occupé par l'armée de Versailles.

6 *Samedi.* — On établit des tranchées en avant du fort d'Issy.

7 *Dimanche.* — Les cuirassiers sont à Choisy.

8 *Lundi.* — Proclamation du gouvernement de Versailles aux Parisiens : « ... Jusqu'ici, le gouvernement s'est borné à l'attaque des ouvrages extérieurs ; le moment est venu où il doit attaquer l'enceinte... »

La grande batterie de Montretout (82 pièces) ouvre un feu d'enfer.

La Commune décrète la démolition de la *Chapelle expiatoire* et supprime plusieurs journaux : *La France, Le Temps, Petit Moniteur, Petit Journal...*

Quelques journaux rappellent que c'est l'anniversaire du *plébiscite.* Quel chemin parcouru depuis !

J'étais alors à Lyon où mon chef me remit deux bulletins *oui.* « C'est en vertu d'un ordre supérieur, me dit-il ; il est bien entendu que je ne veux pas influencer votre vote. » J'ai pris, le matin, la longue file des votants ; il y avait devant moi des frères de la doctrine chrétienne qui votèrent *oui* à bulletins ouverts. Je votais *non*.

9 *Mardi.* — Le fort d'Issy serait occupé.

Création d'un Comité de Salut public. Rossel, destitué, est remplacé à la Guerre par Delescluze.

10 *Mercredi.* — Je réçois l'ordre de me rendre immédiatement à Versailles avec MM. Hamont et Zuber.

11 *Jeudi.* — Départ par le chemin de fer à travers les lignes prussiennes. Arrivée à Melun, puis à Fontainebleau.

12 *Vendredi.* — Nous trouvons, non sans peine, une voiture pour nous conduire à Versailles. Nous passons par Corbeil. En traversant le pays occupé par nos troupes il y a partout un entrain que je ne soupçonnais pas et qui me reporte au début de la campagne.

Je revois en passant quelques connaissances de Lyon. Mon camarade de promotion Lacour est à Longjumeau, à l'ambulance de la division de cavalerie du Barail. Du camp de Châlon où il se trouvait à la déclaration de guerre, il a suivi l'armée de Mac-Mahon dans sa marche sur Sedan et a été envoyé, de là, à l'armée de la Loire.

A Versailles, l'encombrement est tel que nous éprouvons les plus grandes difficultés à trouver un gîte.

13 *Samedi.* — Bon accueil à l'hôpital militaire de MM. Leprieur (1), Lefranc, Warnier (2) et Privat que je

_____

(1) Leprieur (1815-1892), pharmacien-principal, Officier de la Légion d'honneur, pour services exceptionnels rendus pendant le siège de Metz ; président de la Société entomologique de France.

(2) Décédé pharmacien-principal en retraite à Paris en 1905, à l'âge de 76 ans.

retrouve avec grand plaisir ainsi que d'autres camarades
médecins : Dubarry, Linon...

Visite à l'intendant Jallibert.

14 *Dimanche.* — Après déjeuner, je me rends avec
Amsler (1), rentré dernièrement d'Algérie, aux ruines
du palais de St-Cloud et à la grande batterie de Montretout. En cours de route, nous évoquons des souvenirs
de Strasbourg : les herborisations de notre paternel et
poétique professeur Kirschleger (2) qui connaissait à
fond tous les coins et recoins de sa chère Alsace à
laquelle il a dédié trois gros volumes ; l'excursion mouvementée que nous fîmes en Forêt-Noire aux cascades
d'Allerheiligen où nous fûmes surpris avec les camarades
Brulé, Dubois, Letellier et Vidau par un orage épouvantable (3).

15 *Lundi.* — Je suis désigné « pour être employé pro-
visoirement sous les ordres de M. le pharmacien-principal Robaglia (4) pour faire le service de l'hôpital de
Satory et de ses annexes (Grand Séminaire et Saint-
Médéric) ».

---

(1) Décédé en 1915 pharmacien-major en retraite, Officier de la
Légion d'honneur.

(2) Avec quel enthousiasme il nous lisait quelques pages de *La
Plante,* ce petit chef-d'œuvre trop peu connu de Grimard édité par
Hetzel. Kirschleger est mort à Strasbourg le 15 novembre 1869 et a été
inhumé à Munster où il était né en 1804. Qu'est devenu le buste élevé
par ses élèves dans le cimetière de cette ville ?

(3) Dans ces régions voisines du Rhin, les orages sont d'une courte
durée, mais d'une violence extrême. A Strasbourg, on était obligé de
changer fréquemment les pointes en platine des paratonnerres de la
Cathédrale.

(4) Décédé à Versailles en 1879, à 62 ans.

L'hôpital de Satory (rue de Satory) est affecté aux varioleux ; il n'y a encore aucun malade. J'y trouve M. le pharmacien major Dreyer (1) en train d'organiser le service de la pharmacie.

Le fort de Vanves aurait été évacué par les insurgés.

16 *Mardi.* — On apprend le soir que la Colonne Vendôme a été sciée à sa base et la statue de l'Empereur, brisée.

L'histoire se renouvelle sans cesse. Je me revois en Rhétorique avec notre professeur Valson, rapprochant l'*Idole* de Barbier de la fameuse satire de Juvénal sur l'inanité des vœux et l'instabilité des statues (2). Il nous cita ce quatrain, collé pendant la nuit, sur le piédestal

---

(1) Dreyer, né à Thann en 1834, a quitté le service en 1872 ; décédé à Paris en 1894. Pendant qu'il était au corps expéditionnaire du Mexique, il a publié d'intéressantes observations dans les Archives de la Commission scientifique du Mexique.

(2)   ... Descendunt statuœ, restemique sequntur ;
    Jam stridunt ignes ; jam follibus atque caminis
    Ardet adoratum populo caput, et crepat ingens
    Sejanus ; deinde ex facie toto orbe secundo
    Fiunt urceoli, pelves, sartago, patellœ.

Allons, chauffeur, allons, du charbon, de la houille
        Du fer, du cuivre et de l'étain ;
Allons, à large pelle, à grands bras plonge et fouille,
        Nourris le brasier, vieux Vulcain :
Donne force pâture à l'avide fournaise :
        Car pour mettre ses dents en jeu,
Pour tordre et dévorer le métal qui lui pèse,
        Il lui faut le palais en feu.

            . . . .

Dans le moule profond, bronze, descends esclave,
        Tu vas remonter empereur.

de la colonne Vendôme, peu après les désastreuses nouvelles de la Bérézina :

> Tigre monté sur cette échasse
> Si le sang que tu fis couler
> Pouvait tenir en cette place,
> Tu le boirais, sans te baisser.

17 *Mercredi.* — Explosion formidable d'une cartou-
cherie à l'Ecole militaire : on parle de 200 victimes.

18 *Jeudi.* — Le traité de paix avec l'Allemagne a été
ratifié par la Chambre (440 voix pour : 98 contre).

19 *Vendredi.* — De nouvelles pièces avec projectile
à pointe d'acier sont envoyées à la batterie de Montretout.

Enterrement du capitaine du génie Durand de Villers.

20 *Samedi.* — Entrevue avec M. de Montèze, pharmacien-major de 1re classe, Officier de la Légion d'honneur (1).

Rochefort arrêté à Meaux vient d'être amené à Versailles.

21 *Dimanche.* — Au loin, canonnade très intense.
Le bruit court à 6 heures du soir que Mac-Mahon est
entré dans Paris.

Le journal *Le Soir* publie un impressionnant article
de Daudet « une champignonnière de grands hommes
au Café de Madrid ».

On y voit, à nu, Vallès, Courbet, Vermorel, Paschal
Grousset, Delescluze.

Les troupes quittent le camp de Satory à 10 heures.

---

(1) Décédé à Nice en 1882 à 65 ans.

22 *Lundi.* — Il est arrivé dans la matinée un millier de prisonniers. L'Orangerie en est pleine. J'y entre avec Zuber (2), aide-major de service. Quelle horrible vision ! Les uns sont debout, d'autres assis ou étendus par terre ; plusieurs sans coiffure, sans chaussures, les vêtements en lambeaux. Le long des murs, des baquets remplis d'urine...

La moitié de l'armée de Versailles est à Paris. Le général Douay est entré par la porte de Saint-Cloud ; Ladmirault par Passy ; Vinoy et Cissey par Sèvres.

23 *Mardi.* — Les prisonniers arrivent en masse encadrés par de l'infanterie. Ils sont dirigés sur Satory.

De la lanterne de Diogène où je suis allé l'après-midi, avec M. Privat, on a une vue superbe de Paris. On aperçoit la brèche de la porte Saint-Cloud par où les troupes sont entrées. Canonnade et fusillade assourdissantes.

24 *Mercredi.* — Promenade au plateau de Satory. On amène des prisonniers qui sont confiés à la garde républicaine. On les parque dans de grands carrés reliés par des cordes ; ils sont étendus par terre. Un officier fait charger les armes en leur présence et, d'une voix forte, donne l'ordre de tirer « sans hésitation » sur quiconque se lèvera. Des mitrailleuses sont à proximité. Je rentre tout bouleversé par ce que je venais de voir et d'entendre.

Les communiqués du soir annoncent que le drapeau tricolore a remplacé le drapeau rouge sur la plupart des monuments publics.

(2 Professeur agrégé au Val-de-Grâce ; décédé directeur du service de santé au Tonkin.

Consternation générale en apprenant que le Louvre, les Tuileries, le Palais de la Légion d'honneur, le Conseil d'Etat, la Cour des Comptes, le Ministère des finances, l'Hôtel de Ville et le Palais de Justice sont en flammes.

25 *Jeudi*. — Arrivée de nombreux prisonniers fort mal accueillis par la population, surtout par les femmes.

Le Louvre serait sauvé.

Des trains chargés de prisonniers sont dirigés sur Brest.

26 *Vendredi*. — Une terrible explosion s'est produite hier près du Val-de-Grâce, dans les terrains vagues du Luxembourg où se trouvaient des réserves de poudre.

La cavalerie amène de nouveaux prisonniers dont une femme en tenue d'officier.

On annonce l'arrivée des pompes à vapeur de Londres et d'Anvers.

Je me suis porté le soir, avec d'autres curieux, vers la lanterne de Diogène. Une fumée intense couvre Paris ; partout des lueurs d'incendie et de vastes flammes dans la direction de la Halle aux vins et des abattoirs de la Villette. Jules Simon est parmi les spectateurs attristés. Quelle désespérance ! Quel serrement de cœur ! — C'est la fin de Paris, et les larmes viennent.

27 *Samedi*. — Les troupes ont occupé hier les forts de Montrouge, Bicêtre, Ivry. Les insurgés sont rejetés sur Belleville. On amène des prisonniers puis de nombreuses pièces d'artillerie. Il y a des canons et des mitrailleuses de tous les modèles : on les entasse sur la place d'armes.

28 *Dimanche*. — On apprend dans la soirée que 64 otages ont été fusillés à la Roquette : l'archevêque de Paris, le curé de la Madeleine, le président Bonjean, des jésuites et 25 gendarmes. 169 otages ont été délivrés par les troupes qui restent maîtresses de l'insurrection.

29 *Lundi*. — Un décret de Versailles ordonne le désarmement de Paris et la dissolution de la garde nationale.

30 *Mardi*. — Arrestations nombreuses.

31 *Mercredi*. — Pluie abondante.

JUIN 1871

Dès mon arrivée à Versailles, je me suis rapproché de M. Privat que j'avais retrouvé à l'hôpital militaire. Nous prenions nos repas à l'Hôtel des Réservoirs où j'ai eu l'occasion de voir assez souvent le député de l'Ain, Francisque Rive, marié à la sœur de mon camarade Guillon.

Tous les soirs, après le service, nous allions, avant de dîner, faire une longue promenade dans les parcs de Versailles où le calme qui y régnait contrastait si étrangement avec les événements qui désolaient la capitale.

Que de fois nous avons fait le tour du grand canal !

Nous avons revu Paris peu après l'entrée des troupes. Quelles lugubres visions ! Partout des barricades renversées et sur les murs voisins des éraflures produites par des balles de Chassepot.

De notre ancien café du Val-de-Grâce, autrefois si animé et aujourd'hui désert, on voit les dégâts produits

par l'explosion de la poudrière installée pendant le siège
dans les terrains vagues du Luxembourg.

Le voisinage du Panthéon porte les traces de luttes
acharnées : le drapeau tricolore a remplacé le drapeau
rouge au sommet de la croix dont les deux branches
avaient été sciées pendant la Commune.

Aux Tuileries, les ruines dégagent encore des odeurs
d'incendie.

Sur la place Vendôme, la colonne brisée s'est effon-
drée dans le sol.

Au Square de la Tour Saint-Jacques, le gazon présente
par place des caillots de sang des fédérés dont les corps,
pendant la nuit, ont été portés sur des bateaux pour être
incinérés en dehors de Paris.

Une cour martiale siège au Châtelet d'où les condamnés à mort sont envoyés à la caserne Lobau et fusillés à
leur arrivée (1).

A l'église Notre-Dame-des-Victoires qui fut souillée,
de nombreux cierges apportés par les fidèles jettent de
jaunes lueurs sur les ex-veto.

Dans le journal *La Liberté* du 14, magistral article
de Paul de Saint-Victor « L'orgie rouge » :

Tous les grands rôles de 1793 furent repris par de grotesques dou-
blures. Le vieux Delescluze se grima en Maximilien Robespierre.
Félix Pyat n'eut qu'à rester lui-même pour jouer la rage et la lâcheté
de Marat... Raoul Rigault bronzé en St-Just avait ceint l'écharpe de
Fouquier-Tinville. Le cordonnier Simon reparaissait dans le savetier

-----

(1) En 1880, un capitaine de la garde républicaine, ancien officier
aux chasseurs à pied qui était alors de service à Lobau, me fit part
des tristes scènes auxquelles il avait assisté : des jeunes soldats que
l'on avait négligé de relever pendant quelques jours étaient arrivés
à un tel état de prostration qu'ils ne pouvaient plus supporter aucune
nourriture.

Gaillard... Un bâtard de Marat, Jules Vallès dans le *Cri du Peuple* vociférait la haine et la rage... Hébert avait aussi reparu dans le *Père Duchêne*. Sous le masque de ce vil postiche se cachait un plumitif à tout faire, ancien chroniqueur d'alcove qui avait quitté la pornographie pour la démagogie devenue plus lucrative. Tous les journaux de la Commune, du reste, suaient le sang et tisonaient l'incendie. C'était du poison vendu à la criée dans les carrefours... Le bronze d'Iéna jeté par terre, la corde au cou comme un malfaiteur faisait amende honorable à la Prusse campée devant nos remparts.... Et qui sait si la Prusse ne tenait pas le bout de cette corde infâme ?

A la même date, Trochu fait à l'Assemblée nationale un long récit du siège de Paris et expose son fameux plan.

29 *Jeudi*. — La revue des troupes à Longchamp comprenant 100.000 hommes, réjouit tous les patriotes.

La France n'est pas morte.

JUILLET 1871

Le local que nous occupons, rue de Satory, étant affecté à un régiment du génie nouvellement créé, tous nos malades sont évacués sur le Vésinet dans les premiers jours du mois et le 8 juillet un ordre du ministre de la guerre me désigne pour l'hôpital militaire de Lyon « en vertu de la circulaire ministérielle du 10 mars 1871 prescrivant aux médecins et aux pharmaciens militaires de rejoindre les postes qu'ils occupaient avant la guerre. »

Je retrouve à Lyon mon ancien chef M. Latour avec

les pharmaciens-majors Reignier, Strohl et Schmitt venus des hôpitaux supprimés de Thionville, Strasbourg et Colmar. Et je reprends le cours de la vie ordinaire avec les bons camarades Signoud, Oberlin, Jeanmaire, Desmonceaux, Gentil, Challan de Belval... (1).

FIN

---

(1) Latour est mort à Alger en 1888 à 70 ans : il a attaché son nom à la découverte des bromhydrates de quinine.

Reignier est mort à Paris où il avait pris sa retraite.

Strohl, docteur ès-sciences, ancien professeur agrégé à Strasbourg, pharmacien-major au corps expéditionnaire en Chine, est décédé pharmacien-principal à Alger en 1882 à 55 ans.

Schmitt qui succéda à Jeannel comme pharmacien-inspecteur et membre du Conseil de santé est mort en 1892 dans les environs de Grenoble où il avait pris sa retraite.

Signoud qui a quitté le service en 1874 est mort en Savoie.

Oberlin, Jeanmaire, Desmonceaux, Challan ont atteint le grade de médecin-principal de 1re classe. Les brillants états de service de Gentil, en Algérie et au Tonkin l'ont élevé au grade de médecin-inspecteur général, grand Officier de la Légion d'honneur.

BOURG. IMP. DU COURRIER DE L'AIN.

www.ingramcontent.com/pod-product-compliance
Lightning Source LLC
Chambersburg PA
CBHW072243270326
41930CB00010B/2251